Martens · Philosophieren mit Kindern

Ekkehard Martens

Philosophieren mit Kindern

Eine Einführung in die Philosophie

Philipp Reclam jun. Stuttgart

Umschlagabbildung:
Zeichnung von Wilhelm Busch aus:
Balduin Bählamm, der verhinderte Dichter

Universal-Bibliothek Nr. 9778

Gesamtherstellung: Reclam, Ditzingen. Printed in Germany 2000

ISBN 3-15-009778-9

Inhalt

Vorbemerkung

Wenn wir als Erwachsene, egal ob Amateure oder Profis der Weisheit, zusammen mit Kindern philosophieren, können wir neu oder erneut in elementarer, kindlich naiver Weise den Prozeß des unvoreingenommenen Nachdenkens über grundsätzliche Fragen unseres Erkennens, Handelns, Hoffens oder Menschseins erleben, ohne uns vor ihrem bohrenden Fragen in scheinbare Selbstverständlichkeiten flüchten zu können. Philosophieren mit Kindern ist daher in besonderer Weise zugleich eine (Wieder-)Einführung in die Philosophie.

Seit den ersten Anfängen in Deutschland vor zwanzig Jahren (Martens, 1979, S. 5 ff.; 1980; Glatzel/Martens, 1982) hat das Philosophieren mit Kindern eine kaum vorhersehbare Ausbreitung erfahren und gewinnt vor allem im Ethik- und Philosophieunterricht der Grundschule und Sekundarstufe I zunehmend an Bedeutung (Martens/Schreier, 1994; Hastedt u. a., 1996, 1998). Praxiserfahrungen liegen unterdessen zuhauf vor (Brüning, 1998), ebenfalls Ansätze der »Kinderphilosophie« (Englhart, 1997); auch angesehene Fachphilosophen halten es nicht mehr für unter ihrer Würde, mit Kindern zu philosophieren (Nora K. / Hösle, 1996). Woran es jedoch mangelt, ist eine breit angelegte und gründliche philosophische Fundierung, die einem inflationären, für die Kinder schädlichen, weil vernebelnden Herumphilosophieren entgegenwirken könnte.

Eine derartige Fundierung wird in dem vorliegenden Buch versucht. Dabei handelt es sich um die vollständig revidierte Fassung des 1990 erschienenen, seit längerem vergriffenen Buches *Sich im Denken orientieren. Philosophische Anfangsschritte mit Kindern*, das auch weiterhin in seinen Grundzügen als eine erste Orientierung für die Theorie und Praxis des Philosophierens mit Kindern dienen kann.

1
Das Wie und Wohin

A
Philosophie: Haltung, Methode, Inhalt

»*Die persönlichsten Fragen der Wahrheit.*

›Was ist das eigentlich, was ich tue? Und was will gerade ich damit?‹

– das ist die Frage der Wahrheit, welche bei unserer jetzigen Art Bildung nicht gelehrt und folglich nicht gefragt wird, für sie gibt es keine Zeit. Dagegen mit Kindern von Possen zu reden, und nicht von der Wahrheit, mit Frauen, die später Mütter werden sollen, Artigkeiten zu reden und nicht von der Wahrheit, mit Jünglingen von ihrer Zukunft und ihrem Vergnügen und nicht von der Wahrheit – dafür ist immer Zeit und Lust da! Aber was sind auch siebenzig Jahre! – das läuft hin und ist bald zu Ende; es liegt so wenig daran, daß die Welle wisse, wie und wohin sie laufe! Ja es könnte Klugheit sein, es nicht zu wissen.‹

›Zugegeben: aber stolz ist es nicht, auch nicht einmal darnach zu fragen; unsere Bildung macht die Menschen nicht stolz.‹

›Um so besser!‹

›Wirklich?‹«

(Friedrich Nietzsche, *Menschliches, allzu Menschliches*, Bd. 1, § 196)

Nietzsches Kritik aus der Gründerzeit des Deutschen Kaiserreiches hat bis heute nichts an Aktualität und Schärfe verloren. Wir beschäftigen uns und unsere Kinder mit vielen nützlichen und angenehmen Dingen, gehen aber den »persönlichsten Fragen der Wahrheit« meistens aus dem Weg. Die Frage nach dem »Wie und Wohin« unseres Tuns erledigt sich durch die Routine und Zwänge des Alltags meistens von selbst oder wird in technische Einzelfragen aufgelöst. Allenfalls in Krisensituationen bricht sie wieder auf – und dann in der Regel als Problem für die Fachleute, für Theologen und Psychologen oder für dubiose Sinnlieferanten, manchmal auch für Dichter und Künstler. Wir schieben die Frage, wie und wozu wir leben wollen oder können, aus unserem Alltag in Sondersituationen ab und delegieren sie darüber hinaus von uns selber auf Experten. Für beides gibt es zunächst plausible Gründe: Wir können in der Tat die große Sinnfrage nicht andauernd stellen, und sie stellt sich uns glücklicherweise auch nicht andauernd; außerdem sind wir wirklich wenig geübt und gewohnt, selber über uns selber nachzudenken und dadurch in unserem Denken und durch unser Denken eine Orientierung zu gewinnen.

Sich in seinem Denken zu orientieren heißt aber weder, dauernd die große Sinnfrage zu stellen und sich mit existentiellen Problemen zu belasten, noch braucht man dazu elitäre Fähigkeiten und Kenntnisse. Die Frage »Wie und Wohin?« läßt sich vielmehr recht konkret in die Frage übersetzen: »Wie ist das gemeint, und was soll ich damit?« In dieser oder in einer ähnlichen Form hören wir die Frage oft, wenn etwa Kinder nicht einsehen können, daß es »vernünftig« ist, früh ins Bett zu gehen,

Hausaufgaben zu machen oder Erwachsenen nicht zu widersprechen. Eltern und Erwachsene erleben Situationen genug, in denen sie von Kindern aufgefordert werden oder umgekehrt Kinder auffordern, deutlicher zu sagen, was sie meinen und sagen, oder besser zu begründen, warum sie etwas Bestimmtes wollen oder nicht wollen. Was ist aber eigentlich »vernünftig«, und warum gerade dieses hier? Um der Aufforderung nachkommen zu können, genauer zu sagen und besser zu begründen, was man meint und will, braucht man keine speziellen Fachkenntnisse oder Sonderbegabungen, sondern man muß lediglich denken und sprechen gelernt haben.

Genauer sagen, was man meint, und besser begründen, was man will, scheint noch wenig mit Philosophie zu tun zu haben – und darum soll es sich bei Nietzsches Frage »Wie und Wohin?« offensichtlich handeln. Wenn man aber erst einmal damit anfängt, konsequent weiterzufragen und weiterzudenken, kommt man unweigerlich auf Fragen, die vermutlich jeder als philosophische gelten lassen würde: etwa, wie man die Bedeutung von Begriffen bestimmen kann, wer wir selber sind, oder was der Sinn unseres Lebens ist. Diese begrifflich-argumentative Art, mit Wirklichkeit umzugehen, ist allerdings weder die einzige Orientierungsform, noch ist sie selbstverständlich. Wir könnten uns auch von unmittelbaren Erfahrungen, von unserem Unbewußten, von Emotionen, Konventionen, Tradition, Kunst oder Religion leiten lassen. In unserer eigenen, europäischen Tradition jedoch hat sich seit den Griechen eine Skepsis gegenüber vermeintlichen Unmittelbarkeiten und Selbstverständlichkeiten herausgebildet und mit ihr die Gewohnheit, über unser eigenes Denken nachzudenken oder zu reflektieren.

In Platons Dialog *Laches* etwa müssen zwei berühmte Feldherren ihrer Zeit auf das bohrende Nachfragen des Sokrates hin zugeben, daß sie sich nur einbildeten zu wissen, was »Tapferkeit« ist, in Wirklichkeit aber von sehr eingeengten, unhaltbaren Meinungen ausgingen. Im Dialog mit Sokrates werden sie in einer ganz konkreten Alltagssituation allmählich ins Philosophieren hineingezogen. Sie wollten zuerst von Sokrates nur wissen, ob die Söhne fechten lernen sollen oder nicht. Jetzt aber müssen sie selber einsehen, daß sie nicht einmal ihre eigene Frage richtig verstanden haben und sich selber um eine Antwort bemühen müssen, ohne blind auf Fachleute vertrauen zu können. Das Fechtenlernen ist nur ein Mittel, die Söhne zu tapferen Männern zu erziehen. Problematisch ist aber offensichtlich nicht nur das Erziehungsmittel, sondern vor allem seine Beziehung auf das Ziel der Erziehung. Unter »Tapferkeit« nämlich hatten die Feldherren immer nur kriegerische Angriffslust verstanden, ohne an Tapferkeit als strategischen Rückzug oder als Zivilcourage zu denken und schon gar nicht daran, wozu dieses Verhalten »gut« sein sollte. Eine Grenze, wo nun Philosophie anfängt, aber auch, wo sie an ihre eigenen Grenzen gelangt, läßt sich in den sokratischen Dialogen nicht ohne weiteres ziehen, und sie muß an dieser Stelle auch nicht gezogen werden.

Zur Philosophie gehört offensichtlich zunächst eine gewisse Haltung der Neugier und Offenheit, sich neuen Einsichten und Argumenten zu öffnen, Irritationen zu ertragen, mit vorläufigen Antworten zu leben, aber auch, aus neuen Einsichten Konsequenzen für das eigene Denken und Handeln zu ziehen. Zu dieser Haltung kommt eine bestimmte Vorgehensweise hinzu, der Gebrauch von klaren, der jeweiligen Problemstellung angemessenen Begriffen und Argumenten, sowie die begriffliche und argumentative Auseinandersetzung mit der Auffassung anderer. Neben der Haltung und Methode ist Philosophie aber vor allem durch ihre Inhalte oder Problembezüge zu charakterisieren. Zwar gibt es keine typisch philosophischen Fragen, sondern nur Fragen, die durch die charakterisierte Haltung und Methode zu philosophischen Fragen werden können; aber Philosophie läßt sich auch nicht auf eine bloße Haltung oder Methode reduzieren. Im Dialog *Laches* etwa geht es zunächst um eine ganz konkrete Alltagsfrage, die sich erst im gemeinsamen, durch Sokrates angeregten Prozeß des Weiterdenkens zu einer grundsätzlichen Frage verändert. Die zuvor herangezogenen Fachleute nämlich hatten nur Fakten und Nützlichkeits-Argumente angeführt, um die Frage zu beantworten, ob die Söhne das Fechten lernen sollen oder nicht. Im Dialog mit Sokrates jedoch werden ihre tragenden Begriffe und Argumente grundsätzlich in Zweifel gezogen, was etwa »Tapferkeit« oder »nützlich« und »gut« wirklich sei. Erst dadurch, daß sich die Dialogpartner auf eine Haltung der Offenheit und auf eine begrifflich-argumentative Prüfung statt konventioneller oder autoritärer Orientierung einlassen, stellen sie sich der philosophischen Frage, was »Tapferkeit«, »das Nützliche« oder »das Gute« eigentlich ist.

Das philosophische Weiterdenken als kritisches Ferment unserer privaten wie gesellschaftlichen Alltagspraxis entwickelt sich aber nicht von selbst, sondern bedarf einer Kultivierung und Bildung. Die von Nietzsche kritisierte »jetzige Art Bildung« allerdings trifft immer noch auf den Umgang der Erwachsenen untereinander und erst recht auf ihren Umgang mit Kindern weitgehend zu. Wir lassen uns wie »die Welle« einfach treiben, von der Routine, von Alltagszwängen oder von gut begründeten Lehrplänen. Dabei haben wir die plausibel klingende Erklärung, daß die Kinder die Fragen nach dem »Wie und Wohin« ihres Tuns noch gar nicht stellen oder stellen können und erst recht nicht die Antworten verstehen oder aushalten würden. Philosophie sei für Kinder einfach zu schwer und entwicklungspsychologisch noch nicht möglich; sie sollen lieber spielen und »Possen« treiben. Für Jugendliche in der Pubertät könne Philosophie dagegen als Ablösungshilfe von übernommenen Denk- und Handlungsmustern und für eine selbständige Neuorientierung vielleicht ganz nützlich sein.

Für Kinder scheint Philosophie zu schwer und für Jugendliche vielleicht phasenweise nützlich zu sein; Erwachsene schließlich halten Philosophie für sich selber in der Regel als Denk-Orientierung für überflüssig und lassen sie allenfalls als Legitimationsmittel oder als Orchideenfach gelten. Sie haben sich bereits in der Welt eingerichtet, in ihren Positionen, Routinen und Weltanschauungen, und besitzen ihre feste »Philosophie«. Offensichtlich fällt es Erwachsenen meistens schwer zuzugeben, daß sie, wie in Andersens Märchen *Des Kaisers neue Kleider*, nackt dastünden, wenn sie sich auf den sokratischen Prozeß des radikalen Weiterdenkens oder auf die bohrenden »Kinderfragen« der Kinder und Philosophen erst einmal einließen. Sie müßten nämlich vermutlich bald einsehen, daß sie sich nur einbilden, die richtigen Antworten zu haben, dabei aber oft nicht einmal die notwendigen Fragen stellen. Und weil sie es selber vermeiden, sich im Denken zu orientieren, können sie auch das philosophische Fragen der Kinder nicht wahrnehmen und die Chance nutzen, sich zusammen mit ihnen neu zu orientieren und sich selber und den Kindern weiterzuhelfen – Philosophieren zusammen mit Kindern ist zugleich eine Einführung in die Philosophie auch für die Erwachsenen.

Daß bereits und vielleicht gerade Kinder philosophieren, hat wohl jeder erfahren, der nicht bloß herablassend und bevormundend mit Kindern umgeht oder von vornherein Philosophie mit ihrer gegenwärtigen wissenschaftlichen Erscheinungsform gleichsetzt. Wie aber das Philosophieren mit Kindern genauer zu verstehen und möglicherweise zu kultivieren und zu bilden ist, hängt von höchst kontroversen Vorannahmen ab. Mit den Redeweisen von »der Philosophie«, »der Pädagogik« oder »den Kindern« sind recht komplexe und nicht immer klar erkennbare Auffassungen darüber verbunden, wie man mit Kindern umzugehen habe, ob und wie man beispielsweise mit ihnen philosophieren könne und solle. Gerade beim Philosophieren mit Kindern kann man daher der Frage nach dem »Wie und Wohin« nicht ausweichen, sondern man muß sich Rechenschaft abgeben über die handlungsleitenden Begriffe und Zielvorstellungen. Dabei geht es nicht etwa um Anweisungen für eine erst nachfolgende und erst herzustellende Praxis, sondern um Reflexion auf eine bereits immer schon vorliegende Praxis des Philosophierens mit Kindern. Eine deduktive Ableitung von Handlungsanweisungen aus vorgefertigten philosophischen, pädagogischen und entwicklungspsychologischen Theorien oder Alltagstheorien heraus wäre dagegen praktisch entweder folgenlos oder blind für das eigene Tun.

B
Kritische Rückfragen an die zwanziger Jahre

Erste ausdrückliche Reflexionen auf das Philosophieren mit Kindern finden sich in Deutschland in der Zeit einer notwendigen Neuorientierung nach dem Ersten Weltkrieg. Die pädagogischen und philosophischen Kontroversen sind nicht von den gesellschaftlich-politischen Strömungen ihrer Zeit abzulösen, etwa im Hinblick auf den nachfolgenden Nationalsozialismus. Aus der historischen Distanz heraus lassen sich die damaligen Kontroversen deutlicher verstehen, auch als Beitrag zur möglichen Orientierung für die gegenwärtige Praxis des Philosophierens mit Kindern. Als Ausgangspunkt der historischen Erinnerung soll hier eine Passage aus Herman Nohls Aufsatz *Die Philosophie in der Schule* aus dem Jahre 1922 dienen:

> Langsam gehen dem kleinen Menschen, der viel metaphysischer denkt, als der Erwachsene meist ahnt, Dinge auf wie der Sterncharakter der Erde, daß es im Weltenraum kein Oben und kein Unten gibt, das Geheimnis der Unendlichkeit, das Wunder des Lebens, die merkwürdige Tatsache des Gesetzes, die Macht der Zahl, dann aber auch Fragen wie das Theodiceeproblem, das schon Vierjährige lange beschäftigen kann, die sittliche Frage der Freiheit usw. Wer das philosophische Staunen der Kinder in einem solchen Unterricht miterlebt hat, wie mein Seminar einmal in dem Gesamtunterricht des Landschulheims Holzminden, kennt seine philosophischen Möglichkeiten. (Nohl, 1949, S. 81.)

Nohl stellt bei den Kindern der ersten vier Grundschulklassen, aber auch bei bereits Vierjährigen, ein »metaphysisches Denken« oder »philosophisches Staunen« fest, das über Bloch, Jaspers oder Spaemann bis heute bei vielen Philosophen und Erwachsenen eine gewisse Faszination auslöst. Was Nohl bei den Kindern findet, ist durch einen metaphysisch-existentialistischen Philosophiebegriff vorgeprägt; davon ist auch sein Lob der pädagogischen Praxis eines »Gesamtunterrichts des Landschulheims« geleitet. Philosophieren mit Kindern der Grundschule geschieht demnach praktisch am besten in einem Unterricht, der nicht nach Fächern aufgeteilt ist, schon gar nicht in einem eigenen Philosophieunterricht. Vielmehr sollte der Unterricht einzelne Themenkreise aus dem Erfahrungsbereich der Kinder anschaulich und umfassend aufgreifen und dabei auch zum Staunen oder zu tiefsinnigen Fragen Anlaß geben, etwa beim Anblick des Sternenhimmels, beim Erlebnis einer schönen Landschaft oder beim gemeinsamen Leben im Landschulheim. Von begrifflich-argumentativer Klärung oder kritischem Nachfragen dagegen ist bei Nohl nicht die Rede. Diese Art Philosophie schien Nohl weder von der spezifischen, eher autoritäts- oder obrigkeitsorientierten Zeitsituation noch von der damaligen Entwicklung der Fachphilosophie her in den Sinn zu kommen, und sie entsprach auch nicht seiner metaphysischen Grundhaltung. Auch Nohls entwicklungspsychologische Vorannahmen sind keineswegs selbstverständlich. Nohl sieht beim sechs- bis zehnjährigen Grundschulkind ein »gläubiges Einheitsgefühl [...], dem Wirklichkeit und Märchen, Wirklichkeit und Ideal bei aller Skepsis im einzelnen unausgesetzt durcheinandergehen«

(S. 81). Zwar könnte Nohls animistisch zu nennende Vorannahme durch Piagets Phasenmodell der kognitiven Entwicklung der Kinder eine gewisse Bestätigung erhalten. Aber auch dieses Phasenmodell wäre aus philosophischen oder tiefenpsychologischen Gründen durchaus anzuzweifeln, da es Erkenntnis primär nach den Maßstäben neuzeitlicher Wissenschaft bemißt und Wirklichkeit auf wissenschaftliche Überprüfbarkeit reduziert.

Die elf- bis vierzehnjährigen Kinder der Mittelstufe dagegen seien »realistischer und sachlicher«; für sie seien daher die Einzelfächer angemessener als ein Gesamtunterricht, während ihr Interesse an praktischer Orientierung in dem Fach »Lebenskunde« befriedigt werden sollte (S. 81), vergleichbar dem heutigen »Ethikunterricht« in vielen Bundesländern. Als methodisches Vorbild für eine derartige »Lebenskunde« weist Nohl auf Kants Vorschläge in seiner Methodenlehre der praktischen Vernunft (A269ff.). Für seine unterrichtspraktischen Vorstellungen geht Nohl durchgehend von einem Philosophiebegriff aus, der vor allem eine metaphysisch-existentielle Haltung betont und das begrifflich-argumentative Klären von philosophischen Fragen und Antworten vernachlässigt. Außerdem ist die philosophische Haltung nur auf »das höhere Leben des Jungen« bezogen, dem Nohl zudem einen »eigentümlichen Sinn für das Heldentum und für die stoische Lebenshaltung« und deshalb einen Sinn für Kants »sittliche Unerbittlichkeit« unterstellt (S. 81).

Zur Entwicklung der Moralvorstellungen des Kindes ließen sich unterdessen im Anschluß an Kohlbergs Untersuchungen sicher differenziertere Aussagen machen. Kritisierbar aber ist auf jeden Fall Nohls Zielvorstellung eines »höheren Lebens« aus der verengten Sicht eines bürgerlichen Männlichkeitsideals. Das verengte Erziehungsziel »Tapferkeit« (griech. *andreia*, die »Mannestugend«) hatte Sokrates bereits im Dialog *Laches* kritisiert. In Nohls Zielvorstellung kommt Philosophieren mit Kindern oder Jungen nicht als Reflexion, sondern nur als Reflex ihrer erfahrenen und erlittenen Praxis von »Heldentum« und »stoischer Lebenshaltung« vor. Die hier sichtbare Praxis disziplinierender Vernunfterziehung entspringt der von Horkheimer und Adorno nach Auschwitz und dem Zweiten Weltkrieg in aller Schärfe kritisierten *Dialektik der Aufklärung*: »Furchtbares hat die Menschheit sich antun müssen, bis das Selbst, der identische, zweckgerichtete, männliche Charakter des Menschen geschaffen war, und etwas davon wird noch in jeder Kindheit wiederholt. Die Anstrengung, das Ich zusammenzuhalten, haftet dem Ich auf allen Stufen an, und stets war die Lockung, es zu verlieren, mit der blinden Entschlossenheit zu seiner Erhaltung gepaart« (Horkheimer/Adorno, 1971, S. 33).

Wie wenig selbstverständlich Nohls praktisch folgenreiche Prämissen des Philosophierens mit Kindern sind, wird nicht nur von der zugrunde gelegten Gebrauchsdefinition für Philosophie her sichtbar, sondern tritt noch deutlicher hervor, wenn man sie mit kontroversen Auffassungen aus der damaligen Zeit vergleicht. Man könnte Nohls »Metaphysik-Ansatz« zwischen dem »Führer-Ansatz« von Arthur Liebert auf der einen Seite und Leonard Nelsons »Methoden-Ansatz« und erst recht Walter Benjamins »Aufklärungs-Ansatz« auf der anderen Seite einordnen – alles Positionen, die aus der

Situation der zwanziger Jahre heraus entwickelt und vertreten wurden.

In seiner Schrift *Die Philosophie in der Schule* von 1927 polemisiert Liebert heftig gegen eine »philosophische Durchdringung des Unterrichts«, ohne allerdings etwa auf Nohls Ansatz eines metaphysisch-philosophisch überhöhten »Gesamtunterrichts« in der Grundschule ausdrücklich einzugehen. Die »philosophische Begabung« als grundsätzliche Haltung sei ein »Gnadengeschenk« für nur wenige Lehrer und Schüler, wie die mathematische und künstlerische Begabung auch (Liebert, 1927, S. 67), eine Auffassung, die gegenwärtig häufig auch hinter Philosophiekursen als Förderungsprogramm für höchstbegabte Kinder steht. Konsequenterweise kann sich nach Liebert eine derartige Begabung nur frei entfalten und läßt sich nicht als allgemeines Unterrichtsprinzip für alle verbindlich machen: »Eine solche, ganz oder nur teilweise von philosophischem Geiste getragene und erfüllte Anstalt, gleichsam eine Philosophenschule für Kinder und vorherrschend aus Kindern bestehend, würde, abgesehen von der Problematik ihres Ins-Leben-Tretens, eine Einrichtung abgeben, die jeder natürlichen und frischen Entfaltung der Freiheit des jugendlichen Geistes eine Fessel auferlegen würde. Das Land oder die Stadt, die die Verwirklichung dieser Einrichtung sähen, wären geradezu zu bemitleiden, und zwar wegen der Überfülle der dort emporwuchernden und der dort gezüchteten philosophischen Talente« (S. 67).

Zwar ist nach Liebert Philosophie nur Sache weniger, »alle aber brauchen die Philosophie in Form einer festen, systematisch aufgebauten Weltanschauung«, zumal in der »Not unserer Zeit«, die im Mangel an einer derartigen Orientierung bestehe (S. 78). Der Jugend müsse daher »eine einheitliche Weltanschauung als Führerin übermittelt erhalten, eine solche muß ihrer Seele eingebaut werden« (S. 78f.). Von der autoritären, gewalttätig-technischen Sprache Lieberts her kann man sich die entsprechende pädagogische Praxis leicht vorstellen. Nach Liebert »verfügt doch die Philosophie« im »System des Idealismus« über einen Führungsanspruch, den sie pädagogisch durchsetzen müsse (S. 80). In verschärfter Form wurde Lieberts Führungs-Ansatz ab 1933 durch den Nationalsozialismus realisiert (vgl. Martens, 1979, S. 104). Bleibt daher das Philosophieren mit Kindern – und das Philosophieren insgesamt – in einer Haltung des affirmativen und unkritischen »Staunens« oder »metaphysischen Denkens« stecken und bleibt es der angeblich unbeeinflußbaren »Begabung« weniger vorbehalten, kann es offensichtlich leicht in eine autoritäre Orientierung umschlagen. Zumindest verzichtet ein derartiges Philosophieren auf die Chance, Kinder möglichst früh zum Selbstdenken zu erziehen; sie wäre dann bestenfalls ein schöner Zeitvertreib, schlimmstenfalls Indoktrination.

Von der Maxime des Selbstdenkens her verstand sich dagegen das von Leonard Nelson 1923 gegründete Landerziehungsheim »Walkemühle« (vgl. Dehms, 1953; Klafki, 1983; Hoffmann, 1986; Nielsen, 1985, S. 15–43). Diese Maxime hatte Nelson 1922 in seinem Vortrag *Die sokratische Methode* näher entwickelt (Nelson, 1970). Danach soll in der Tradition von Sokrates und Kant methodisch geübtes Selbstdenken in wechselseitigem Respekt der Dialogpartner praktiziert und gefördert werden. Allerdings gibt es keine genaueren Berichte über die praktisch durchgeführten »sokratischen Gespräche«. Lediglich als ein Beispiel berichtet etwa Heckmann, der später selber in Nelsons Nachfolge »sokratische Gespräche« durchgeführt hat, wie die Kinder vor dem »Sokratischen Forum« gemeinsam einen praktischen Konfliktfall aus ihrem Zusammenleben im späteren dänischen Exil gelöst hatten (Heckmann, 1981, S. 83–86). Eine derartig philosophisch ausgerichtete Schule ist ein Gegenbild zu Lieberts Karikatur einer »Philosophenschule«. Sie wollte nicht eine vermeintliche philosophische Hochbegabung von wenigen auf alle ausdehnen, sondern ging – jedenfalls im Prinzip – vom Vertrauen auf die Vernunft aller aus. Erst recht aber steht Nelsons Methoden-Ansatz im Gegensatz zu Lieberts Führer-Ansatz. Beide Ansätze wurden daher im Nationalsozialismus in gegensätzlicher Weise »aufgehoben«: Lieberts Philosophie als weltanschauliche »Führerin« wurde durch die nationalsozialistische Weltanschauung ersetzt, Nelsons »Walkemühle« dagegen wurde wegen ihrer Kaderausbildung für den ebenfalls von Nelson gegründeten »Internationalen Sozialistischen Kampfbund« (ISK) und wegen ihrer freiheitlichen Denkorientierung von den Nazis geschlossen und mußte ins dänische Exil ausweichen (vgl. Nielsen, 1985).

Allerdings lassen sich die Probleme der »sokratischen Methode« Nelsons nicht übersehen: inwiefern Anleitung zur Selbstbestimmung Fremdbestimmung bedeutet; welches Maß an Gleichberechtigung von Erwachsenen und Kindern kontrafaktisch vorausgesetzt werden muß; ob Kinder unter zehn Jahren bereits dazu fähig sind, von konkreten Ausgangsbeispielen zu abstrahieren und allgemeine philosophische Sätze herauszuarbeiten (vgl. Raupach-Strey, 1989, S. 75f.); ob sie neue Einsichten in ihr eigenes Denken und Handeln integrieren und sich mit den Meinungen anderer auseinandersetzen können; ob Nelsons rigides Beharren auf verengt rationaler Orientierung nicht eine weitere Variante der *Dialektik der Aufklärung* als Unterdrückung von nicht diskursiven Vernunftsformen ist und wie sich seine Demokratiekritik mit dem Vertrauen auf die Kraft der Vernunft eines jeden verträgt (vgl. Krohn [u. a.], 1989).

Ähnlich wie Nelson ist auch Walter Benjamin in seinen 1929 bis 1932 gehaltenen Rundfunkvorträgen einer *Aufklärung für Kinder* verpflichtet (Benjamin, 1985). Nelson und Benjamin waren davon überzeugt, daß man zwar niemanden zum Selber- und Weiterdenken zwingen kann, daß dennoch jeder im Prinzip dazu fähig ist. Allerdings beschränkte Benjamin sich nicht wie Nelson nur auf die methodische Seite des Philosophierens und sah auch klarer die Grenzen einer rigiden Vernunftorientierung. Er entwickelte vielmehr im Ausgang von spannenden Begebenheiten aus der Geschichte und aus der näheren Umgebung der Kinder auch inhaltliche Fragestellungen, etwa was Vernunft heißt und wieweit sie von Skepsis und Menschlichkeit begleitet sein muß, wie man etwas erkennen kann oder was Gerechtigkeit ist. Wenn man seine durchgehende Haltung philosophischer Offenheit hinzunimmt, entspricht sein Aufklärungs-Ansatz am ehesten der Vorstellung von Philosophie in ihren drei Aspekten von Haltung, Methode und Inhalt.

Die Wiederaufnahme des Philosophierens mit Kindern ist in Deutschland vor allem durch die Arbeiten von Lipman und Matthews aus den USA geprägt. Sie ist zu einem großen Teil ein Rückimport und eine Fortentwicklung von Ideen und Praktiken, die bereits in den zwanziger Jahren in Deutschland ansatzweise entwickelt worden sind. Gegenwärtig steht das Philosophieren mit Kindern allerdings vor einer Alternative, die es mit der gegenwärtigen Rolle der Philosophie insgesamt teilt. Sie kann einerseits in den Romantizismus einer schwärmerischen, vernunft- und zivilisationskritischen »Kinderphilosophie« aus scheinbar unverbildetem, unschuldigem Kindermund oder – kompensatorisch, als bloß äußerer Ausgleich durchaus damit vereinbar – in den rigiden Rationalismus einer »Denkschulung« abgleiten und beidesmal als bloße Pseudophilosophie bald wieder anderen pädagogischen Moderichtungen weichen. Andrerseits aber kann sie auch die Chancen prüfen und wahrnehmen, die Philosophie bietet, sich zusammen mit Kindern im Denken zu orientieren und Erziehung insgesamt neu zu begründen und zu bereichern. Immerhin kann die kritische Erinnerung an die Kontroversen in den zwanziger Jahren, an das Emigrationsschicksal philosophischen Denkens in der Nazizeit und an die Rezeptionslinien des Rückimports diese grundsätzliche Alternative und einige mögliche Fehlentwicklungen sichtbar machen.

C
Untersuchungsgang

Nach der ersten groben Orientierung über das »Wie und Wohin« der Philosophie generell und des Philosophierens mit Kindern speziell kann nun auch das Vorgehen und Ziel der vorliegenden Untersuchungen etwas deutlicher gemacht werden. Ziel ist nicht die sicher auch wünschenswerte Klärung der entwicklungspsychologischen oder schulorganisatorischen Prämissen des Philosophierens mit Kindern; auch stehen nicht dic didaktisch-methodischen Praxiskonsequenzen im Vordergrund des Interesses. Vielmehr kreisen die Überlegungen vor allem um die Kontroversen darüber, was beim Philosophieren mit Kindern eigentlich »Philosophieren« und »Kinder« im Sinne einer »Philosophie der Kindheit« (Matthews, 1995) heißen soll. Die theoretische Klärung soll jedoch immer im Ausgang von und in Reflexion auf eigene Praxiserfahrungen oder Praxisberichte anderer erfolgen und ist von der Hoffnung auf eine verbesserte Praxis geleitet.

Eine mangelnde Klärung der beiden zentralen Begriffe »Philosophieren« und »Kinder« dagegen kann zu einer nicht wünschenswerten Praxis führen. Wenn nämlich alles oder fast alles »Philosophie« oder »philosophisch« genannt wird und dabei die jeweiligen Verkürzungen und Fixierungen nicht erkannt werden, verzichtet man zum eigenen Schaden und vor allem zum Schaden für die Kinder auf die kritische Sonde der Philosophie, auf ihren inhaltlichen Reichtum und auf die orientierende Kraft des Selbstdenkens. Die notwendige Begriffsklärung fängt bereits mit der Bezeichnung »Kinderphilosophie« an. Die hier bevorzugte Bezeichnung »Philosophieren mit Kindern« betont den Charakter der Philosophie als einer gemeinsamen Tätigkeit im Sinne einer »dialogisch-pragmatischen Philosophiedidaktik« (Martens, 1979) und ähnlich auch G. Matthews' *Philosophische Gespräche mit Kindern* (Matthews, 1989). Dagegen enthält der von Lipman benutzte Ausdruck »Philosophy for Children« oder »Philosophie für Kinder« das mögliche, von ihm selber gerade nicht erwünschte Mißverständnis, als sollte aus der Perspektive der Erwachsenen und der Fachphilosophie herablassend die Philosophie auf Kindermaß reduziert werden. Der von Jaspers in seiner 1953 erschienenen *Einführung in die Philosophie* geprägte Ausdruck »Kinderphilosophie« (S. 12) schließlich suggeriert eine authentische Philosophie seitens der Kinder oder ruft die Assoziation von »Kinderkram« hervor. Als Bezeichnung eines eigenen Arbeitsgebiets der Philosophie dagegen hätte er, analog zur »Kinderpsychologie«, einen gewissen Wert; »Kinderphilosophie« ließe sich dann – auch als Teil einer »Philosophy of Education« oder einer »Erziehungsphilosophie« – den Intentionen einer »Angewandten Philosophie« zuordnen (vgl. Martens, 1997a), ähnlich wie andere sogenannte Bindestrichphilosophien, etwa »Ökologische Philosophie«, »Medizin-Ethik« oder »Computer-Ethik«.

Wie bei der Orientierung in einer Landschaft sind auch bei der Orientierung im Denken zusammen mit Kindern verschiedene Wege durch das weite und verzweigte Gebiet des Denkens möglich. Diese Wege berühren sich gelegentlich, überkreuzen sich oder führen in unterschiedliche Gegenden. Keiner von ihnen kann daher für sich jemals eine ausschließliche Orientierung beanspruchen. In der reichhaltigen Tradition der Philosophiegeschichte bis in die Gegenwart hinein lassen sich vielmehr unterschiedliche Möglichkeiten entdecken, mit Kindern zu philosophieren. Metaphysisch tiefes, existenzphilosophisch ernsthaftes, skeptisch nachfragendes, analytisch klares und nicht zuletzt heiter staunendes Philosophieren sind unterschiedliche Facetten der einen

Philosophie. Wenn man sich daher nicht auf seinem eigenen Weg verrennen will, kann man auf einen Überblick über die anderen Wegmöglichkeiten nicht verzichten. Gerade auf dem recht neuen Gebiet des Philosophierens mit Kindern scheint eine umfassende und gründliche Orientierung notwendig zu sein, um der Alternative – und komplementären Scherenbewegung – von schwärmerischem Romantizismus und verengtem Rationalismus zu entgehen.

Obwohl man weder in den Konzepten noch in der Praxis des Philosophierens mit Kindern trennscharfe Unterscheidungen vornehmen kann, lassen sich dennoch vier Hauptwege erkennen. Orientierungspunkte sind dabei besonders deutlich ausgearbeitete und dokumentierte Erfahrungen und Überlegungen auf diesem Gebiet sowie bestimmte philosophische Denktraditionen, die sich mit ihnen mehr oder weniger ausdrücklich verbinden:

Im *ersten Hauptweg* »Dialog-Handeln« wird das sprachliche Handeln des Behauptens, Nachfragens, Prüfens, Bestreitens oder Zustimmens als gemeinsamer Dialog praktiziert und reflektiert, vor allem in Matthew Lipmans »Institute for the Advancement of Philosophy for Children«; dabei steht – mit Anklängen an Nelson – die Tradition von Platon und Dewey im Hintergrund.

Im *zweiten Hauptweg* »Begriffs-Bildung« wird die Analyse und Loslösung von verengten Begriffen sowie ein souveräner Umgang mit ihren unterschiedlichen Verwendungsweisen praktiziert, wie ihn etwa Judy Kyle im Anschluß an John Wilsons *Begriffsanalyse* beschreibt; beide beziehen sich ausdrücklich auf Wittgensteins *Philosophische Untersuchungen*.

Im *dritten Hauptweg* »Sich-Wundern« geht es um die Beschäftigung mit den »großen Fragen« der philosophischen Tradition wie Glück, Freiheit, Gott, Zeit, Sprache und Identität, aber – im Unterschied etwa zu Herman Nohl – nicht im direkten Zugriff, sondern als geradezu spielerischer Umgang mit begrifflichen Problemen und anschaulichen Vorstellungen; diesen Durchgang kann man vor allem bei Gareth Matthews finden und in kritischer Auseinandersetzung mit einer Philosophie-, Kindheits- und Erziehungsidylle bei Aristoteles, vor allem aber bei Schopenhauer klären.

Im *vierten Hauptweg* »Aufklärung« steht Kants Maxime des Selbstdenkens oder seine Aufforderung »Habe Mut, dich deines eigenen Verstandes zu bedienen« (»sapere aude!«) im Mittelpunkt. Am praktischen Beispiel von Walter Benjamins Rundfunkvorträgen »Aufklärung für Kinder« lassen sich Kriterien gewinnen, wie das Philosophieren mit Kindern den Fallstricken eines rigiden Rationalismus und schwärmerischen Romantizismus entgehen könnte. Diese spitzt sich im Computerzeitalter als Kluft zwischen maschineller Rationalität und menschlicher Emotionalität in der *Postmoderne für Kinder* (Lyotard) zu. Für eine freie, unverkürzte Lebensweise dagegen wäre Philosophieren eine genauso elementare »Kulturtechnik« wie Lesen, Schreiben und Rechnen.

Die einzelnen Durchgänge erfolgen jeweils auf drei unterschiedlichen Ebenen: (A) Zunächst werden praktische Beispiele gegeben, auch als Anregung für das eigene Philosophieren. (B) Anschließend soll das jeweilige Konzept nach Zielsetzung, Inhalten, Methoden und Materialien verdeutlicht sowie in einigen kritischen Punkten diskutiert werden. (C) Den Abschluß bildet jeweils die philosophische Theorie, an der sich die Konzepte orientieren oder gegen die sie sich kritisch absetzen lassen.

Will man damit Ernst machen, sich mit Kindern im Denken zu orientieren, sollte man sich als Erwachsener zunächst an das philosophierende Kind in einem selber zu erinnern versuchen. Bevor man also das bereits in Umrissen sichtbare Gebiet des Philosophierens mit Kindern erkunden will, ist es sinnvoll, zunächst selber das Philosophieren mit Kindern zu erproben oder sich zumindest durch einen ersten Erfahrungsbericht in einem groben Überblick zu orientieren. Hierzu soll das zweite Kapitel »Sich im Denken orientieren« dienen, wieder im Dreierschritt von Praxis, Konzept und Theorie. Am Beispiel vom »Schiff des Theseus«, dessen Planken fast vollständig ausgetauscht wurden und dessen Identität deshalb umstritten ist, kann man bereits sehen, inwiefern Kinder und Laien anders als Erwachsene und Fachleute über die Frage nach der Identität philosophieren und dabei nicht unbedingt die schlechteren Philosophen sind.

Dieses Buch hätte ein Ziel erreicht, sollte es ihm gelingen, die Provokation des Philosophierens mit Kindern in einem doppelten Sinne spürbar zu machen: einmal als Zerreißprobe der herkömmlichen, akademischen Philosophie, die in einer ungewöhnlichen praktischen Anwendung erneut ihr Selbstverständnis und ihre Leistungskraft als »Angewandte Philosophie« überprüfen muß; sodann als Herausforderung seitens einer derartigen Philosophie, die sich an eine routinemäßig eingespielte, erstarrte Erziehungspraxis richtet. Das wichtigste Ziel ist allerdings, Erwachsene zu animieren, gemeinsam mit Kindern philosophische Anfangsschritte neu oder erneut zu wagen, um sich mit ihnen im Denken zu orientieren.

Dabei sind für Kinder wie für Erwachsene keine festen Altersgrenzen gesetzt – es gilt sie im Philosophieren gerade durchlässig zu machen. Daher werden zwar verschiedene Möglichkeiten vorgeschlagen, mit Kindern von etwa vier bis vierzehn Jahren zu philosophieren, aber nicht in einem starren Entwicklungsschema oder genau fixiert auf bestimmte Altersstufen. Die Vorschläge könnten vielmehr zugleich die Erwachsenen anregen, sich als philosophierende Kinder wiederzuentdecken. Vielleicht aber lassen sich auch Fachphilosophen ermutigen, von ihrem Wissen und Können einen lebendigen Gebrauch als praktizierte, angewandte Philosophie in einer philosophisch orientierten Erziehung zu machen. An Gelegenheiten, mit Kindern zu philosophieren, mangelt es dabei sicher nicht: nicht nur Eltern, sondern alle Erwachsenen haben es mit Kindern zu tun, bei Verwandten, Nachbarn oder Freunden; auch beruflich kommen Erwachsene mit Kindern zusammen, etwa in der Sozialarbeit oder in der Kindertherapie; schließlich ergeben sich Anstöße zum Philosophieren mit Kindern an der Schule im Ethikunterricht in den unteren Schulklassen oder in jedem beliebigen Fach, vielleicht sogar in einer eigenen Philosophiestunde als Freiraum ausdrücklicher Orientierung im Denken.

2
Sich im Denken orientieren

A
Das Schiff des Theseus und die Identitätsfrage

Wenn wir die Frage nach dem »Wie und Wohin« unseres Tuns und Lebens insgesamt stellen, bringen wir uns als Person ins Spiel. Wir wollen uns nicht einfach wie die Welle in Nietzsches Bild von der Strömung treiben lassen, sondern wollen unseren Weg selber bestimmen. Wir wollen Personen oder autonome Wesen sein. Gibt es aber im Strom unseres Lebens von der Kindheit bis zum Lebensende einen identischen Wesenskern, der seinen eigenen Weg bestimmt und sich im Denken orientiert? Haben wir noch denselben Körper, wenn alle sieben Jahre die Zellen und die Zellsubstanz vollständig ausgetauscht werden? Ändern sich nicht auch unsere Gedanken und Einstellungen im Laufe der Zeit vollständig? Wenn wir etwa zusammen mit Kindern Familienalben mit Bildern von den Großeltern, von uns selber oder den Kindern durchblättern, kommen uns und den Kindern die alten Bilder recht fremd vor, und wir können uns kaum mit ihnen identifizieren. Vielleicht erkennen wir noch dieselbe große Nase wieder, die abstehenden Ohren, die schönen Augen oder die typische schlaksige Körperhaltung – alles Versuche, Spuren von Identität zu finden. Nicht einmal die *identity card* gibt eine befriedigende Auskunft über unsere Identität. Der Ausweis hält nur unseren Namen fest – der aber ist »Schall und Rauch«.

Die Frage nach dem, was im Werden und Vergehen eigentlich bleibt, auch von uns selber, beschäftigt uns nicht nur lebensweltlich, sondern ist seit den »Kindertagen« der Philosophie bei den Vorsokratikern bis in die gegenwärtige Fachdiskussion eine der schwierigsten und interessantesten philosophischen Fragen (vgl. Sturma, 1997). Ob allerdings die Diskussion und die Antworten in einer unterdessen möglicherweise »erwachsen« gewordenen Philosophie überzeugender ausfallen als Thales' Antwort »Wasser« oder Platons »Ideen«, ist zweifelhaft. Aus der Philosophie jedenfalls lassen sich keine sicheren Antworten erwarten, worin unsere Identität als Person eigentlich besteht, ob wir möglicherweise, wie die verschiedenen Bilder im Photoalbum, nur wechselnde Erscheinungen sind oder ob wir ein Theaterspiel mit mehreren Rollen zugleich spielen (vgl. Rorty, 1988). Wir können zwar die Fachphilosophie zu Rate ziehen, sind aber letztlich auf unser eigenes Denken angewiesen, wie übrigens in jeder philosophischen Frage.

Nicht wesentlich anders ist es um die Verteilung von Wissen und Nichtwissen bestellt, wenn wir mit Kindern über die Identitätsfrage nachdenken. Weniger existentiell und bedrängend als bei der Frage nach Herkunft, Ziel und Identität unserer Person geht es allerdings zunächst bei der Frage zu, ob ein altes Schiff mit völlig neuen Teilen noch dasselbe Schiff ist oder nicht. Wie man aber sehr ernste Fragen nach Geburt, Tod, Verantwortlichkeit und Person spielerisch durchdenken kann, enthält auch die spielerisch anmutende Frage nach der Identität des alten Schiffes ernste Züge. Überhaupt lassen sich Ernst und Spiel beim Philosophieren nur schwer voneinander trennen oder gar auf Erwachsene und Kinder verteilen.

So redet etwa der alte Parmenides in Platons gleichnamigem Dialog vom »anstrengenden Spiel« über »das Eine und das Viele« (137b); und Kinder können – etwa in Lipmans *Pixie* (1986) – recht ernste Gedanken über ihre eigenen Wandlungsprozesse haben, etwa in der Lösung von ihren Eltern und im Bewußtsein der eigenen Kraft. Auch übt das Spiel mit Begriffen, das man erwachsenen Philosophen oft als höchsten Berufsinhalt nachsagt, gerade auf Kinder eine starke Faszination aus, als Erkunden der für sie neuen, verwirrenden und spannenden Sprachwelt sowie als Ausprobieren ihrer eigenen, neu entstehenden Macht der Sprache.

Wie sich Ernst und Spiel in der Philosophie mischen und wie sich recht unterschiedliche Interessen und Zugänge beim Fragen und Antworten ergeben, wenn Erwachsene und Kinder, Laien und Fachphilosophen – aber auch Fachphilosophen untereinander – über dasselbe Problem nachdenken, soll am Beispiel vom »Schiff des Theseus« etwas ausführlicher verfolgt werden – auch in der Hoffnung, dadurch das philosophische Kind im Erwachsenen zum Philosophieren zu reizen. Das »Schiff des Theseus« soll also in unterschiedlichen Perspektiven (I) von den antiken Philosophen, (II) vom modernen analytischen Philosophen Rosenberg, schließlich (III) von den Kindern bei Matthews betrachtet werden.

I

Das »Schiff des Theseus« war nicht nur ein beliebtes Objekt spitzfindiger Begriffsübungen für die Philosophen der Antike, sondern ursprünglich Gegenstand kultischer

Verehrung. Nach der mythologischen Überlieferung war der Held Theseus mit einem Schiff nach Kreta gefahren und hatte mit Hilfe des Gottes Apollon die athenischen Geiseln aus der Macht des Minotauros im Labyrinth gerettet. Als Dank schickten die Athener seitdem jährlich das Schiff des Theseus als Festzug auf Apollons Insel Delos. Über die naheliegenden Identitätsprobleme der Athener mit diesem Schiff berichtet Plutarch in den *Lebensbeschreibungen* (I 23), entsprechend seinem Kenntnisstand im ersten nachchristlichen Jahrhundert: »Das Schiff [...] haben die Athener bis auf die Zeiten des Demetrios Phaleros aufbewahrt [d. h. etwa eintausend Jahre lang bis ca. 300 v. Chr., E. M.], indem sie immer statt des verfaulten Holzes neues und festes einziehen ließen. Daher pflegten in der Folge die Philosophen bei ihren Streitigkeiten über das Wachstum der Dinge sich immer auf dieses Fahrzeug zu berufen, so daß einige behaupteten, es wäre und bleibe dasselbe Schiff, andere hingegen, es wäre ein ganz anderes.« Für die Athener war also die Identität des Theseus-Schiffes noch vor allen philosophischen Untersuchungen lebensweltlich ähnlich wichtig wir für Christen die Echtheit von Reliquien oder für andere Religionen bestimmte Kultgegenstände.

Platon dagegen formt die kultisch-lebensweltliche Frage philosophisch um. Im Dialog *Phaidon* nämlich verdankt Sokrates die ungewöhnlich lange Zeit zwischen seiner Verurteilung und Hinrichtung dem Schiff des Theseus, weil während des Festzuges nach Delos in Athen keine Hinrichtungen stattfinden durften. Auch sonst, etwa in der *Apologie*, ist der Gott Apoll für Sokrates Garant des Philosophierens. Dort führt Sokrates sein kritisches Weiterfragen auf den Orakelspruch des delphischen Gottes zurück, daß er der »weiseste« der damaligen Menschen sei. In Gehorsam und Widerspruch zugleich wollte er den Spruch widerlegen, indem er mit den »weisesten« Menschen seiner Zeit Dialoge führte. Schließlich verstand er, daß im Unterschied zu ihrer bloß eingebildeten »Weisheit«, einem praktischen Können und theoretischen Wissen, seine Weisheit in seinem Wissen um sein Nichtwissen in den »wichtigsten Dingen« lag. Die »Sache des Sokrates« oder worin er als Person ganz aufging, ist die tagtägliche Prüfung dessen, ob er wirklich ein gutes Leben als Mensch – und nicht als Gott, Tier oder Automat – führte (vgl. Martens, 1992).

Der *Phaidon* handelt von der Unsterblichkeit oder davon, was von Sokrates bei allem Werden und Vergehen bleibt. Wie aber die Identität des Schiffes mit seinen nach und nach vermoderten Planken für die Athener nicht im Materiellen zu bestehen schien, sondern in der »Idee«, die sie mit dem Schiff ihrer kultischen Verehrung verbanden, ist auch der mehrfach erneuerte Körper des Menschen offensichtlich nicht sein eigentliches Sein (*Phaidon* 87df.). Vielmehr gibt nach traditioneller Vorstellung der Griechen die Seele dem Menschen den »Lebenshauch« ein, wie *psyche* wörtlich übersetzt heißt. Die Seele, so lautet Platons Antwort auf die Identitätsfrage, macht genauso das Bleibende im Menschen aus, wie die »Ideen« in den Dingen, etwa die »Idee« beim Schiff oder beim Tisch. Was allerdings »Seele« oder »Idee« genauer bedeutet, ist ein weiterer Durchgang für sich.

II

Die kultischen und metaphysisch-existentiellen Bezüge läßt dagegen Jay R. Rosenberg außer acht, wenn er in seinem Buch *Philosophieren. Ein Handbuch für Anfänger* nur kurz »das Schiff des alten griechischen Seefahrers« erwähnt (Rosenberg, 1986, S. 64) und daraus statt dessen ein Paradebeispiel genauer begrifflich-logischer Analyse macht. Inhalt und lebensweltlicher Bezug treten bei ihm völlig hinter die Methodenschärfe analytischen Philosophierens zurück. Das begriffliche Problem lautet für Rosenberg etwa folgendermaßen: Das Theseus-Schiff T ist genau aus 1000 Planken zusammengesetzt und liegt zur Stunde 0 auf dem Dock A zur vollständigen Erneuerung. Zu diesem Zweck wird stündlich eine alte Planke von T entfernt und durch eine neue ersetzt, während die alten Planken auf dem Dock B nacheinander in der Anordnung von T zusammengefügt werden. (Eine Zeichnung zu den Zwischenschritten und Endprodukten findet man bei Rosenberg auf S. 65 f.) Nach genau 1000 Stunden liegt auf dem Dock A ein Schiff X aus lauter neuen Planken, auf dem Dock B dagegen ein Schiff Y aus lauter alten Planken. Welches ist nun das Theseus-Schiff T, ist es X oder Y?

Rein kombinatorisch sind vier Antworten möglich: T ist (1) X; T ist (2) Y; T ist (3) weder X noch Y; T ist (4) X und Y. Die Variante (4) scheidet nach Rosenberg schnell aus: X und Y sind zwei Schiffe, während T ein Schiff ist; ein Ding kann aber nicht zugleich zwei Dinge sein. (Platons Lösung aus dem *Phaidon* dagegen diskutiert Rosenberg nicht: X und Y sind verschiedene materielle Realisierungen derselben Idee T.) Auch (3) scheide aus, weil man sich dabei das Verschwinden des Schiffes T beim Bau von X und Y nicht erklären könne: In welchem Bauabschnitt und auf welche Weise ist T verschwunden? (Bei dieser Antwort scheint Rosenberg doch eine Art platonischer Idee T neben X und Y vorauszusetzen.) Plausibel sind nach Rosenberg allein die beiden ersten Varianten. Für (1) spreche: T blieb die ganze Zeit auf Dock A und ist jetzt X, auch wenn mit ihm eine ganze Menge gemacht wurde. Für (2) aber spreche: T wurde auf Dock A nacheinander zerlegt und auf Dock B nacheinander als Y wieder zusammengebaut. Bei einer näheren Prüfung gehen allerdings beide Antworten nach Rosenberg von unhaltbaren Prämissen aus. (1) (T ist X) setze voraus, man könne das Prinzip »Ersetzt man einen Teil eines komplexen Gegenstandes, so beeinflußt das nicht die Identität dieses Gegenstandes« beliebig oft auf denselben Gegenstand anwenden. Diese Anwendung des Prinzips führt Rosenberg an einem Beispiel ad absurdum: Reißt man aus Homers Wuschelkopf von 10 000 Haaren nacheinander im Laufe von 10 000 Minuten jeweils ein Haar aus, hätte Homer demnach nie eine Glatze (und nach dem antiken »Haufenschluß« würde aus einzelnen Sandkörnern nie ein Sandhaufen werden). Dagegen setze (2) (T ist Y) voraus: »Ein Ganzes ist nichts weiter als die Summe seiner Teile in bestimmter Anordnung.« Genauer aber müsse die Prämisse heißen: »Ein Ganzes ist nichts weiter als die Summe seiner ehemaligen Teile.« Zwar waren die Planken von Y einmal Teile von T, aber ob Y deshalb das alte Schiff T ist, bleibe zu fragen.

Philosophieren fängt nach Rosenberg erst dann an, wenn nicht bloß unterschiedliche Meinungen – wie etwa die Varianten (1) bis (4) – geäußert, sondern in ihren Prämissen herausgearbeitet und begrifflich-argumentativ geprüft werden. An diesem Punkt befindet er sich in bester sokratischer Gesellschaft, und man kann ihm voll zustimmen. Allerdings gibt er lediglich eine notwendige, aber keine hinreichende Bedingung an und folgt damit gerade nicht dem Vorbild des Sokrates. Denn bei Rosenberg wird der Bezug der Methode auf einen Inhalt und auf die philosophierende Person und ihre lebensweltlichen Bezüge nicht sichtbar. Es geht ihm weder um eine Selbstprüfung des Wissens noch um die Klärung eines bestimmten Problems aus der Sicht einer konkreten Person. Vielmehr kann die begriffsanalytische Kritik bei ihm beliebig fortgesetzt werden, und auf die Kritik könnte eine beliebige weitere Gegenkritik erfolgen.

Rosenberg selber kommentiert seine Analyse folgendermaßen: »So kann uns ein kleines Rätsel über Schiffe dazu bringen, die große Frage nach Identität und Veränderung neu zu überdenken und schließlich unsere Begriffe von Kontinuität und Wandel wie von Teil und Ganzem zu klären« (S. 77). Ohne den Ausgang aber von »bestimmten Problem- und Orientierungssituationen in unserem (individuellen und gesellschaftlichen) Leben« laufen methodische Exaktheitsansprüche nach Friedrich Kambartels Kritik (und Selbstkritik) »gewissermaßen leer« (Kambartel, 1989, S. 10). Wenn man das »Schiff des Theseus« von seinen kultischen oder metaphysisch-existentiellen Bezügen isoliert, wird es leicht zum auswechselbaren Übungsbeispiel sophistisch-scholastischer Methodenschärfe. Rosenberg steht damit in der von Plutarch beschriebenen Tradition der antiken Philosophen bis zu Hobbes' Traktierung des Theseus-Schiffes in den Bahnen der aristotelischen Scholastik (*Lehre vom Körper* II 11,7).

III

Daß allerdings die Begriffsklärung beim »kleinen Rätsel über Schiffe« auch bei Kindern zur »großen Frage nach Identität und Veränderung« führen und zugleich von ihnen als ihr eigenes Problem mit großem Spaß als ernstes Spiel betrieben werden kann, berichtet Gareth Matthews aus eigener Erfahrung im Kapitel »Das Schiff« in seinem Buch *Philosophische Gespräche mit Kindern* (Matthews, 1989). Matthews traf sich ein Jahr lang wöchentlich zu einer freiwilligen Philosophiestunde mit einer kleinen Gruppe von Acht- bis Zehnjährigen an der Musikschule in Edinburgh (Schottland). Zu Stundenbeginn legte er den Kindern meistens den Anfang einer von ihm selbst verfaßten Geschichte vor, die zum Weiterdenken reizte, und las ihnen später den Schluß der Geschichte vor, wie er ihn als Ergebnis der gemeinsamen Überlegungen für sie zusammengefaßt hatte. Aus dem Schiff des Theseus ist bei Matthews das um 1840 gesunkene und 1982 wieder gehobene Segelschiff »Maria Magdalena« geworden. Wie beim Wasa-Schiff in Stockholm hatten die Kinder damit ein konkreteres Beispiel vor Augen, das noch in ihre eigene Zeit hineinreichte. Von der »Maria Magdalena« waren »fast alle« Planken ersetzt worden – war es noch das alte Schiff oder bloß eine Kopie?

Was eigentlich die Kinder genauer zum Weiterdenken reizte, läßt Matthews in seinem Bericht offen. Tatsächlich kann man dies auch kaum in »Lernzielangaben«

oder in einer »Motivationsanalyse« einfangen – vielleicht war es die Freundlichkeit des Lehrers, sein Respekt vor dem Denken der Kinder und seine eigene Lust und Genauigkeit des Denkens; vielleicht war es auch die Phantasie der Kinder, ihre Lust an Begriffsrätseln, ihre Freude am Streit oder das Bearbeiten eigener Ablösungsängste am Beispiel der unsicheren Identität des alten Schiffes. Die abstrakte »Identitätsfrage« als Methodenexempel interessierte sie vermutlich weniger. In der von Matthews vorgelesenen Geschichte jedenfalls stellt sich Fred die gefährlichen Schlachten vor, die das Schiff durchgemacht hat, und wäre – in sicherer Distanz und bei erlebter Nähe der Phantasie – selber gerne als Schiffsjunge dabeigewesen. Immerhin hatte er auf Deck des alten Schiffes stehen und auf diese Weise an dessen spannenden Abenteuern teilnehmen können – wenn es wirklich das alte Schiff gewesen ist. Nach den ersten spontanen Reaktionen spitzte Matthews noch einmal das Problem auf die Frage zu: »Altes oder nachgebautes Schiff?« Er beschränkte sich aber – nach Art der »sokratischen Methode« (vgl. Heckmann, 1980) – darauf, einzelne Antworten festzuhalten, auf Widersprüche und begriffliche Unklarheiten aufmerksam zu machen und auf analoge, konkrete Beispiele für die einzelnen Behauptungen zu drängen.

Die Kinder ließen sich auf recht komplizierte Begriffsklärungen ein, die ihnen im Laufe der Untersuchung, auch in ziemlich weitem Abstand vom Ausgangsbeispiel, offensichtlich viel Freude machten, oft in hitzigen Auseinandersetzungen in der Gruppe. Im Laufe der Diskussion brachten die Kinder insgesamt vier Antwortmöglichkeiten vor, inwiefern es sich noch um dasselbe Schiff handeln könnte: (a) ein paar alte Planken reichen noch; (b) »der Geist« des alten Schiffes muß vorhanden sein; (c) der Kiel als wichtigster Teil ist ausschlaggebend; (d) es kommt auf den kontinuierlichen und nicht abrupten Umbau an. Wie bei Rosenberg, wenn auch nicht mit derselben Perfektion, deckten auch die Kinder die Voraussetzungen und Schwächen ihrer Behauptungen auf und korrigierten ihre ursprünglichen Positionen. Die Korrektur von (a) durch (b) erfolgte ohne weitere Erklärungen. Offensichtlich war den Kindern das logische Problem von »Homers Wuschelkopf« intuitiv klar, wann genau der Wuschelkopf aufhört und die Glatze anfängt, so daß für sie »ein paar alte Planken« genauso wenig eine Antwort war wie »ein paar Haare«. Der kurz hingeworfenen Antwort (b) vom alten Geist des Schiffes gingen die Kinder allerdings zu Matthews' Bedauern nicht näher nach; außerdem ließ ihn der schnelle Gesprächsverlauf ein Nachfragen nicht ratsam erscheinen – stand ja weder das Lernziel »Seele« noch »alle abstrakten, philosophieverdächtigen Begriffe klären« auf Matthews' Programm. Das eigene fachphilosophische Interesse an möglichen Parallelen zu Platons *Phaidon*, wo die »Seele« das Bleibende im Menschen ist, war für Matthews ebenfalls kein ausreichender Grund zum Nachhaken, ferner nicht ein vielleicht persönliches Interesse an der Identität des Menschen durch seine Seele, erst recht nicht der Rückbezug »auf den Text«, in dem Fred offensichtlich vom Geist des alten Schiffes fasziniert war.

Die Kinder gingen nicht auf Freds Gefühle ein und diskutierten auch nicht über »Nostalgie als Identitätssicherung« – beides mag dennoch der emotionale Hintergrund ihres Interesses gewesen sein. Vielmehr waren sie unterdessen derartig von der begrifflichen Auseinandersetzung gepackt, daß sie schnell auf die neue Antwort (c) vom Kiel als wichtigstem Teil zusteuerten. Als Matthews nach einigem Durcheinander fragte, für wen denn der Kiel ebenfalls der wichtigste Teil sei, hoben alle Kinder zustimmend die Hände. Allerdings wurde ihre anfängliche Sicherheit durch ihre eigenen Einwände nach und nach erschüttert. Zunächst gab ein Junge zu bedenken, daß man den Kiel ja nicht sehen könne. Sein Gegenargument wurde jedoch durch das Argument entkräftet, daß das Schiff auch dann das alte Schiff *sei*, wenn man seinen alten Kiel nicht *sehen* könne (man hat dann allerdings kein sichtbares Entscheidungskriterium mehr, wie Matthews nachträglich das erste Argument stützt; die ontologischen und epistemologischen Ebenen wurden aber nicht weiter verfolgt). Im Unterschied zum nicht sichtbaren Kiel schien daraufhin einem Mädchen die Kajüte das Wichtigste am alten Schiff zu sein. Diese allerdings, so meinten die anderen, sei nur ein Teil *auf* dem Schiff und nicht *des* Schiffes. Daraufhin kamen keine weiteren Kandidaten für die Identität ins Spiel, sondern ein Kind zweifelte mit Hilfe eines analogen Falls die gesamte Antwort (c) an: Wenn von einer alten Burg außer einem einzigen Stein alles übrige erneuert worden sei, sei es auch nicht mehr die alte Burg. Dagegen versuchte ein anderes Kind die alte Antwort mit einer neuen Analogie zu retten: Wenn bei einem alten Auto alle übrigen Teile außer dem Motor ersetzt worden seien, handele es sich doch auch noch um das alte Auto (vgl. Bencivenga, 1992, S. 66ff., 179ff.). Daraufhin waren sich fast alle Kinder wieder sicher, daß es beim Kiel des alten Segelschiffes genauso sein müsse, ohne allerdings dafür Gründe anzugeben.

Schließlich kam jemand auf die Idee, den problematischen Ansatz mit der – fachphilosophisch gesprochen – Substanz-Akzidenz-Unterscheidung fallenzulassen und statt dessen (d) auf den allmählichen Umbau zu achten – solange man das Schiff nach und nach ausbessert und irgendwelche alte Teile übrigbleiben, ist es noch das alte Schiff. Allerdings erwiderte sofort ein anderes Kind, daß ein beliebiger alter Holzsplitter doch nicht für das alte Schiff ausschlaggebend sein könne. Der Einfall allerdings, die Antwort mit dem Motor oder Schiffskiel mit der Antwort vom allmählichen Umbau zusammenzunehmen, kam niemandem. Auch für uns bleibt ja ein Mensch nahezu derselbe, wenn er sich allmählich verändert, während er für andere in einer großen zeitlichen Distanz so fremd erscheinen kann, wie wir uns selber auf alten Photos. Insgesamt endete die Diskussion so aporetisch wie die sokratischen Dialoge. Auch in den nächsten Stunden fanden die Kinder keinen Ausweg, und Matthews las ihnen schließlich das Ende der Geschichte vor, wie es sich ihm nach dem Diskussionsverlauf darstellte.

Matthews' Hoffnung allerdings, daß die Kinder später noch einmal von selber auf die Frage kommen würden, was an unserem Körper oder an unserer Person trotz aller Veränderungen unverändert dasselbe bliebe, hatte sich nicht erfüllt, und er vermied es, sie auf diese Frage von außen zu stoßen. Dennoch läßt sich nicht ausschließen, daß einige Kinder auch außerhalb der Gruppendiskussion für sich selber auf derartige Gedanken gekommen sind.

Wer der »bessere Philosoph« ist (Platon, Rosenberg, die Kinder), läßt sich nicht eindeutig entscheiden. Beim

Philosophieren der Kinder jedenfalls mischen sich Stärken und Schwächen, wie bei den Fachphilosophen übrigens auch. Einerseits kommen die verschiedenen Aspekte, unter denen das »Schiff des Theseus« betrachtet wurde, bei den Kindern noch ununterschieden und in breiter Fächerung vor: kultische, nostalgische oder imaginative, aber auch metaphysische und begriffsanalytische Aspekte. Die Kinder sind nicht, wie meistens die Fachphilosophen, auf eine bestimmte Sichtweise festgelegt, sondern können sich neuen Einsichten noch unbefangener öffnen und ihre Gedanken durchspielen. Andererseits fehlen ihnen die begriffliche und sprachliche Schärfe und Übung, die Ausdauer bei komplizierten Gedankengängen, die Distanz zum Konkreten, eine breite lebenspraktische Erfahrung sowie schließlich die Kenntnisse an Theorien, Argumentationsfiguren und Begriffsunterscheidungen, die sich bei den Fachphilosophen und Erwachsenen finden lassen. Was dabei jedoch im einzelnen als Schwäche und was als Stärke gelten kann, ist nicht ohne weiteres klar aufzuteilen, jedenfalls nicht, wenn man von einem verengten Philosophiebegriff ausgeht, etwa von einem strikt metaphysischen, existentialistischen oder analytischen.

B

Kinder sind Philosophen – Philosophen sind Kinder

Am Beispiel vom »Schiff des Theseus« kann man sehen, daß Kinder durchaus philosophieren können, ohne daß sie »schlechtere« Philosophen als die Erwachsenen oder die Fachphilosophen sein müßten. Zusammen mit ihrem Lehrer haben die Kinder vielmehr ihre Gedanken in einer Weise geäußert, geprüft und weiterentwickelt, die den drei Kriterien von philosophischer Haltung, Methode und Fragestellung gerecht wird, wie beispielsweise in den sokratischen Dialogen. Kinder sind durchaus fähig zu philosophieren. Daß sie allerdings authentische, besonders spontane und ursprüngliche Philosophen sind, folgt daraus keineswegs. Vielmehr kann man lediglich davon ausgehen, daß ein gemeinsamer, schrittweise zu kultivierender und zu bildender Prozeß des Philosophierens bereits mit Kindern möglich ist. Eine Voraussetzung für eine derartige Behauptung ist, daß man den Philosophiebegriff nicht in einer fachspezifischen Verengung zu hoch, aber auch nicht popularisierend zu flach ansetzt. Eine andere Voraussetzung dafür ist, daß man weder von einer recht zweifelhaften Ursprungsphilosophie ausgeht noch von einer ebenfalls unhaltbaren schwärmerischen oder romantischen Kindheitsidee.

Kinder sind wegen ihrer Andersartigkeit und Unberechenbarkeit im Gegensatz zum eher rationalen und selbstkontrollierten Verhalten der Erwachsenen sowie einer entsprechenden Erwachsenenwelt seit jeher »neben den Wahnsinnigen und Dichtern über die Zeiten bevorzugte Medien für den Enthusiasmus, Inspiration, Offenbarung, für den Augenblick des ästhetischen Scheins oder auch nur für haltlose Einbildungen, für ein nicht gehegtes Wissen« (Zons, 1989, S. 88f.). Das Kind ist Projektionsobjekt der Erwachsenen; es machte und macht ihnen angst, erinnert sie aber auch an Hoffnungen auf ein glücklicheres, noch unbeschädigtes Leben. Als Beispiele für die positive Kindheitsidee nennt Zons die christliche Interpretation von Vergils *Vierter Ekloge*, in der vom neu geborenen göttlichen Kind (Augustus als Christkind) die Erneuerung der Welt erhofft wird. Ein anderes Beispiel sind für Zons die antiaufklärerischen, romantischen Kindheitsideen von Herder und Novalis. Für Herder ist das Kind, im Ausgleich für seine sonstige Hilflosigkeit als Neugeborenes, besonders empfänglich für »synästhetische Eindrücke«; und es ist »in Opposition zur entzauberten Welt der Aufklärung vor allem anderen eines«, nämlich zusätzlich ausgestattet mit Phantasie und Poesie (S. 91). Ähnlich sei das Kind – wie die Menschen im Paradies und die Weisen der griechischen Antike – für Novalis mit einer besonderen Ursprünglichkeit und Genialität begabt.

Die von Zons nachgezeichnete romantische Kindheitsidee in Opposition zum verengten Rationalismus der aufklärerischen Erwachsenenwelt findet gegenwärtig, in einer Situation sich zuspitzender Rationalitätskritik eine erneute Attraktivität, etwa in Michael Endes *Momo* oder in seiner *Unendlichen Geschichte*, aber auch in der Vorstellung von einer authentischen »Kinderphilosophie« als Philosophie der Kinder. Die Kinder treten dabei die Nachfolge der »edlen Wilden« Rousseaus in der Rolle unverdorbener Weisheitsträger an. Die Vorstellung einer unversehrten Kindheit ist allerdings ebenso eine Fiktion gegenwärtiger Zivilisationskritik (vgl. Hengst u. a., 1981) wie die Hoffnung auf ein glückbringendes Leben bei den Wilden seit Rousseaus Kritik an der europäischen Fortschrittsgläubigkeit des 18. Jahrhunderts (vgl. Stein, 1984). Gegenwärtig sucht man vielfach nicht mehr außerhalb, sondern innerhalb des durch die wissenschaftlich-technische Vernunft geschädigten

Menschen der europäischen Zivilisation Reservate eines heilen Lebens. Die Fluchttendenzen regressiver Innenschau im Boom östlicher Meditationen oder in der Psychowelle und anderen Surrogaten finden in der »Utopie Kindheit« eine neue Ersatzlösung für eigene Anstrengungen. »Kinderphilosophie« verspricht zudem, die geheimen Sehnsüchte nach der verklärten eigenen Kindheit zu stillen. Dagegen geht das Philosophieren *mit* Kindern von der Vorstellung aus, daß bereits Kinder zu einer Orientierung im Denken nicht nur fähig sind, sondern diese auch brauchen, weil sie keineswegs autarke Paradiesabkömmlinge und Heilsbringer für die heillose Erwachsenenwelt sind. Vielmehr sind Kinder auf die Hilfe der Erwachsenen angewiesen, wie aber auch umgekehrt Erwachsene von den Kindern herausgefordert werden, eingefahrene Denkmuster aufzubrechen und sich zusammen mit ihnen neu zu orientieren.

Die Vorstellung einer gemeinsamen Denkorientierung bemißt Kinder nicht etwa nach den Normen einer faktischen, zufälligen Erwachsenenlogik, sondern ist, in der sokratischen Tradition, dem Kategorischen Imperativ der Aufklärungsphilosophie Kants verpflichtet. Danach kommt prinzipiell allen Menschen die gleiche Autonomie- und Vernunftfähigkeit zu, auch den Kindern. Kinder sind nach dieser Vorstellung nicht »infantil«, das heißt aus der Erwachsenenperspektive (wörtlich übersetzt) »sprach- und denkunfähig«, sondern ihr Vernunftvermögen kann und soll kultiviert und herausgebildet werden, freilich nach ihren spezifischen Möglichkeiten. Genauso aber, wie sich eine derartige aufklärerische Kindheitsidee im Zusammenhang historischer Prozesse entwickelt hat (vgl. Aries, 1978; de Mause,

1977), kann die gesellschaftliche Entwicklung auch ein *Verschwinden der Kindheit* (Postman, 1983) bewirken.

Nach Gieseckes Einschätzung der gegenwärtigen gesellschaftlichen Entwicklung ist daher ein nicht-infantiler Umgang mit Kindern in der Tradition der Aufklärung die einzige sinnvolle Alternative für ein gescheitertes Erziehungskonzept (Giesecke, 1985). Offensichtlich knüpft er an Margaret Meads berühmte Studie *Der Konflikt der Generationen. Jugend ohne Vorbild* (Mead, 1974) an, wenn er *Das Ende der Erziehung* feststellt. Unter Erziehung versteht Giesecke dabei eine Wissens- und Verhaltensausrüstung der Kinder und Jugendlichen durch die Erwachsenen einer bürgerlichen Gesellschaft, die aufgrund ihres Glaubens an einen linearen Fortschritt über eine sichere Zukunftsgestaltung zu verfügen meint. Dieser Glaube sei jedoch durch die wachsende Dynamik und Krise des Fortschritts zumindest unsicher geworden. Ein Indiz wäre etwa die allgemeine Forderung nach »flexiblen« kognitiven und moralischen »Grundqualifikationen«. Wenn aber die bürgerliche Gesellschaft den Kindern und Jugendlichen keine sicheren Zukunftsperspektiven mehr eröffnen kann, müßten nach Giesecke auch Familie und Schule auf eine besserwisserische »Pädagogisierung« verzichten und sich auf gemeinsame Orientierungsprozesse einlassen. Giesecke vertauscht allerdings die bürgerliche Kindheitsidee nicht etwa mit einer romantischen Kindheitsidylle, sondern vertritt, jedenfalls der Sache nach, eine aufklärerische Kindheitsvorstellung. Danach fällt Vernunft nicht einfach vom Himmel, sondern entwickelt sich erst in einem gemeinsamen, sprachlich vermittelten Erfahrungsaustausch. Aus dem »Erfahrungsvorsprung« der Erwachsenen folgt nach Giesecke »die Notwendigkeit, den Kindern zu helfen, ihre sprachlichen Möglichkeiten zu differenzieren und zu präzisieren, um sie auf diese Weise ›größer‹ werden zu lassen« (Giesecke, 1985, S. 96).

Damit ist aber lediglich die methodische Seite der Philosophie angesprochen. Dagegen verbinden sich mit der Vorstellung, daß auch Kinder Philosophen sind oder sein können, auch die Vorstellungen einer philosophischen Haltung und bestimmter inhaltlicher Fragestellungen. In der Haltung grundsätzlicher Offenheit und im Stellen grundsätzlicher Fragen kommen Kinder und Erwachsene als Philosophen überein. Dies scheint beispielsweise auch Adorno anzunehmen: »Ich glaube, daß [...] wir eigentlich als Kinder alle Philosophen sind und daß uns in der Tat durch unsere offizielle Bildung, die sich ja immer schon in den vergegenständlichten, branchenmäßigen Formen abspielt, die Philosophie eigentlich ausgeprügelt wird, und man könnte in diesem Sinne sagen, daß eigentlich überhaupt der Versuch, sich ernsthaft mit Philosophie abzugeben, so etwas ist wie ein Versuch, gleichsam dem die Treue zu halten, was man eigentlich einmal sehr genau gesehen hat« (Adorno, 1957/1958, S. 141 f.).

Offensichtlich geht Adorno dabei von einem Wechselspiel von Naivität oder Unmittelbarkeit und Reflexion aus. Philosophie ist in der Tat einerseits durch ihre skeptische Haltung gegenüber vermeintlichen Selbstverständlichkeiten und durch deren methodische Prüfung notwendigerweise unnaiv. Insofern sie jedoch gegen allen Anschein an Grundideen wie Wahrheit, Gerechtigkeit oder Menschlichkeit festhält, ist sie naiv in ihren Inhalten und in ihrer Haltung, aber auch in ihrem Vertrauen auf die Methode der Wahrheitsprüfung: »So ist denn überhaupt paradoxerweise die Philosophie, die zunächst doch die Forderung der Unnaivität gegenüber der Erscheinung ist, auf der anderen Seite auch die Forderung der Naivität in dem Sinn, daß man sich nicht dumm machen läßt, daß man nicht der Welt einfach das abkauft, was sie sagt, sondern daß man, ich möchte beinahe sagen, wie ein Kind auf dem beharrt, bei dem stehenbleibt, was man nun einmal gesehen hat« (Adorno, 1973, S. 86).

Nach Adorno wäre also das Philosophieren mit Kindern die gemeinsame Wiedererinnerung an ein geahntes, aber gefährdetes Wissen, ähnlich dem sokratischen Prozeß der Wiedererinnerung an unsere ursprünglichen »Ideen« und insbesondere die »Idee des Guten« durch die mühsame begriffliche und argumentative Arbeit hindurch. Was wir »eigentlich einmal sehr genau gesehen« haben, sagt Adorno nicht. Sicher aber ist hier auch ein Urvertrauen auf die elterliche Geborgenheit im Spiel, das Staunen über die tanzenden Schneeflocken, allerdings auch das Erschrecken über den Zorn der Eltern, die Trauer über den Tod der Katze oder eines geliebten Menschen, das Nichtbegreifen von Armut und Krieg, die Hilflosigkeit in einer unvertrauten Umgebung, aber auch die Freude an Wortspielen, die erlebte Kraft des Argumentierens und schließlich die grenzenlose Neugier und Lust am Weiterdenken.

Zwar sind alle Kinder Philosophen, aber umgekehrt sind auch alle Philosophen Kinder. So versucht die erwachsene, akademische Philosophie nach Spaemann, hierin Adorno ähnlich, nichts anderes, als »so kindliche Motive wie freedom und dignity [...] in einem kindlichen Ernst« zu verteidigen und gegen sophistische Angriffe eines Skinnerschen Behaviorismus ›Beyond Freedom and Dignity‹ als eine »institutionalisierte Naivität« wiederherzustellen (Spaemann, 1974, S. 139ff.) nach dem Dreiermodell von Einheit, Abfall (oder Entfremdung) und Rückkehr. Auch Peter Sloterdijk stellt einer zynischen Erwachsenenwelt die naiven Kinderfragen der Philosophie entgegen: »Es ist Aufgabe der Philosophie, angesichts dieser ›harten Tatsachen‹ Kinderfragen zu stellen wie diese: Warum vertragen die Menschen sich nicht? Was zwingt sie, sich auf die gegenseitige Atomisierung vorzubereiten? Der Philosoph ist jener Mensch, der den abgehärteten, eingewöhnten und zynisch versierten Zeitgenossen in sich beiseite stellen kann, der ihm mit zwei, drei Sätzen ohne weiteres klarmachen wird, warum das alles so ist und warum man es mit guten Absichten nicht ändert. Der Philosoph muß dem Kind in sich eine Chance geben, das all dies ›noch nicht versteht‹. Wer es ›noch nicht versteht‹, kann vielleicht die richtigen Fragen stellen« (Sloterdijk, 1983, Bd. 1, S. 253). Dagegen sieht Horkheimer in einem späten Interview äußerst resignativ und pessimistisch in einer total verwalteten und »langweiligen« Welt das Ende der »Philosophie als einer Kinderangelegenheit der Menschen« kommen (Horkheimer, 1970, S. 89).

Jeder Lebensweg ist von seinen eigenen Erfahrungen und Anfängen geprägt, je nach den unterschiedlichen Zeiten und Kulturen, und jeder nimmt seinen eigenen Verlauf. Bei allen inhaltlichen Unterschieden jedoch erfahren gerade Kinder als Weltneulinge immer wieder, daß sie sich in der Welt erst noch orientieren müssen, und haben in der Regel ein überlebensnotwendiges Urvertrauen, daß es Sinn hat, weiterzufragen und nach Antworten zu suchen. Damit sind Kinder bereits ein paar Schritte weiter als die Gesprächsteilnehmer des Sokrates in Platons Dialogen. Sie bilden sich nicht selbstzufrieden ein Wissen ein und verzichten auch nicht resignativ oder arrogant auf ein Wissenwollen, sondern sie »wissen, daß sie nichts wissen«, und wollen weiterfragen. Außer ihrem Nichtwissen und Wissenwollen haben Kinder aber noch etwas drittes »gesehen«: Sie haben eine Ahnung oder ein Vertrauen, daß es Antworten geben könnte und daß Erwachsene vielleicht etwas mehr Orientierung als sie selber haben. Nichtwissen, Wissenwollen und Wissensvertrauen sind gemeinsame Merkmale des Philosophierens von Kindern und Erwachsenen. Welche Antworten wir dabei erhoffen können, und ob »Ideen«, »archetypische« Menschheitserfahrungen oder Märchen und Utopien unser Denken und Handeln im Grunde leiten, wäre selbst wieder eine große philosophische Frage, die seit Sokrates und Platon bis C. G. Jung und Bloch nicht nur die engen Grenzen der Fachphilosophie beschäftigt.

Die Unbefangenheit des Fragens, das Staunen über Rätselhaftes und Schönes sowie das souveräne Durcheinanderwirbeln selbstverständlich gewordener Sprachgewohnheiten und das Ausprobieren von neuen Denk- oder Sichtweisen bewundern Erwachsene oft neidvoll beim ernsten Spiel der Kinder; oft wollen sie es auch unvermittelt imitieren, als Ersatz oder Heilmittel für den Verlust eigener Unmittelbarkeit, Weisheit oder spielerischer Unschuld. Wie die Kindheitsidylle ist aber auch eine derartige Philosophieidylle eine Fiktion. Weder leben die Kinder im Zustand paradiesischer Unschuld, noch ist Philosophie einfach als unmittelbare Weisheit zu haben. Vielmehr läßt sich Philosophie nur als Dreierschritt von ursprünglicher Einheit, Entzweiung und erneutem Einheitsversuch verstehen. Wir haben zwar eine Ahnung von »Ideen« wie Wahrheit, Gerechtigkeit, Glück oder Menschlichkeit, können aber nicht ohne nähere Begriffsklärung und Begründungen im einzelnen sagen, was wir darunter verstehen wollen oder sollen, und müssen der Versuchung großer Worte und Visionen, aber auch zynischer Resignation widerstehen. Dies ist die gemeinsame Botschaft der Paradieserzählung des Alten Testaments, der sokratischen Wiedererinnerungslehre oder von Kleists »Marionettentheater«. Der Bruch eines Urvertrauens sowie von individuellen und gesellschaftlichen Selbstverständlichkeiten ist das treibende Motiv der Philosophie seit ihrem Ursprung in der griechischen Aufklärung, aber ebenso treibendes Motiv ist die Wiedererinnerung an ein ursprüngliches Wissen oder Hoffen.

C
Kant mit einem Blick auf Sokrates

Für die Auffassung, daß auch Kinder Philosophen sein können und sollen, sind vor allem Kants und Sokrates' Überlegungen grundlegend. Mit seiner kleinen Schrift von 1786 »Was heißt: sich im Denken orientieren?« wendet sich Kant gegen Mendelssohns Orientierung durch bloße Schwärmerei religiöser Gefühle, die in ihrer Konsequenz zur »Freigeisterei« und zur Orientierung durch äußere Autoritäten führen müsse. Dagegen tritt Kant entschieden für das Selbstdenken als Maxime der

Aufklärung ein, die er bereits für die Erziehung der Kinder empfiehlt. Bei seiner Definition von »Orientierung« geht er vom Erfahrungsgehalt des lateinischen Wortes *oriri* aus, weil erst dieser einen abstrakten Begriff »zum Erfahrungsgebrauche tauglich mache« (A 304): »Sich orientieren heißt, in der eigentlichen Bedeutung des Worts: aus einer gegebenen Weltgegend (in deren vier wir den Horizont einteilen) die übrigen, namentlich den Aufgang zu finden« (A 307). Mit unserer Fähigkeit des Selbstdenkens haben wir, so Kant, einen »Wegweiser oder Kompaß« (A 320), der es überflüssig macht, zu »schwärmen statt zu denken« (A 311). Schwärmerei statt Denken dagegen führe dazu, keine vernünftigen Orientierungen mehr anzuerkennen. Durch die daraufhin entstehende Orientierungslosigkeit aber würden notwendigerweise »die Obrigkeit« und »Landesordnungen« auf den Plan gerufen, und dadurch werde die Freiheit zerstört (A 328).

In einer Schlußanmerkung faßt Kant seine Überlegungen in der Maxime der Aufklärung als »Selbstdenken« zusammen, die bereits und vor allem bei der Erziehung der Kinder anzusetzen habe: »Aufklärung in einzelnen Subjekten durch Erziehung zu gründen, ist also gar leicht; man muß nur früh anfangen, die jungen Köpfe zu dieser Reflexion zu gewöhnen. Ein Zeitalter aber aufzuklären, ist sehr langwierig; denn es finden sich viel äußere Hindernisse, welche jene Erziehungsart teils verbieten, teils erschweren« (A 330).

In der *Methodenlehre* am Schluß der *Kritik der praktischen Vernunft* (1788) führt Kant näher aus, wie das Selbstdenken mit Kindern möglich sein könnte. Er lehnt eine Belehrung »durch abgezogene allgemeine Formeln«

ab und schlägt statt dessen vor, auf die moralische Erfahrung der Kinder zurückzugreifen. Der kategorische Imperativ vom Selbstzweck der Person und der Universalisierung unserer subjektiven Maximen als oberste Orientierung im Denken könne bereits Zehnjährigen bewußt werden, indem man ihnen Beispiele pflichtgemäßen, sittlichen Handelns vorlege: »Wir wollen also vorerst das Prüfungsmerkmal der reinen Tugend an einem Beispiel zeigen, und, indem wir uns vorstellen, daß es etwa einem zehnjährigen Knaben zur Beurteilung vorgelegt worden, sehen, ob er auch von selber, ohne durch den Lehrer dazu angewiesen zu sein, notwendig so urteilen müßte« (A 277/278). Unabhängig vom Inhalt des Kategorischen Imperativs und den einzelnen Beispielen sittlichen Handelns legt Kant bereits bei Zehnjährigen Wert auf eine Lehrart, bei denen die Kinder »von selber, ohne durch den Lehrer angewiesen zu sein, [...] urteilen«. In seiner »ethischen Didaktik« am Schluß der *Metaphysik der Sitten* empfiehlt Kant hierfür besonders die »sokratisch-dialogische« Methode (A 165/166). In seiner Pädagogik-Vorlesung hebt er zusätzlich hervor, daß Kinder zwar »nicht über alles vernünfteln« müssen, allerdings hätten sie Anspruch auf »Gründe«, was »die Pflicht betrifft«; hierfür aber sei am besten »die sokratische Methode« geeignet (A 91).

Der sokratische Dialog besteht jedoch genauer besehen nicht bloß in einer äußeren Lehrmethode, sondern ist in erster Linie die Bewegung des Denkens des Menschen als freier, autonomer Person selbst. Genau in dieser Fähigkeit liegt für Sokrates im *Phaidon* die Lösung der Identitätsfrage. Zwar zeigten die Kinder in der Gruppe von Matthews kein Interesse daran, die Identitätsfrage vom »Schiff des Theseus« auf uns als Person zu übertragen. Aber mit der Antwort, das Bleibende am Schiff könnte sein »Geist« sein, waren sie der Antwort des Sokrates intuitiv recht nahe gekommen. Zwar geht es bei Sokrates nicht darum, worin der Geist etwa eines Schiffes bestehen könnte, aber beim Menschen ist es jedenfalls seine Fähigkeit zum Dialog oder zum Denken. Der *Phaidon* kreiste um die Alternative, ob der Mensch – und hier vor allem Sokrates – nur aus dem vergänglichen Körper besteht oder ob er darüber hinaus eine Seele hat, die ihn in einem Jenseits überdauert. Sokrates dagegen wollte auf die Tatsache aufmerksam machen, daß seine Lebendigkeit und die seiner Freunde in der Kraft ihres gemeinsamen Dialogs besteht. Die Freunde des Sokrates suchten nach einer statischen Identität und übersahen die in dieser Suche selbst wirksame dynamische Kraft, sich im Denken orientieren zu können und darin seine Freiheit zu erweisen.

Nachdem die Suche nach Unsterblichkeitsbeweisen im *Phaidon* ergebnislos geendet hatte und der Tod des Sokrates nicht länger hinauszuschieben war, fragte ihn Kriton: »Aber auf welche Weise sollen wir dich begraben? – Wie ihr wollt, sprach er, wenn ihr mich nur wirklich haben werdet und ich euch nicht entwischt bin. Dabei lächelte er ganz ruhig und sagte, indem er uns ansah: Diesen Kriton, ihr Männer, überzeuge ich nicht, daß ich der Sokrates bin, dieser, der *jetzt* mit euch redet und euch das Gesagte einzeln vorlegt (*ho ›nüni‹ dialegomenos kai diatatton hekaston ton legomenon*), sondern er glaubt, ich sei jener, den er nun bald tot sehen wird, und fragt mich deshalb, wie er mich begraben soll« (*Phaidon* 115c–d). Sokrates hat seine Identität weder in seinem vergänglichen Körper noch in einer ewigen, davon abtrennbaren Seele, sondern er ist genau derjenige, der *jetzt* mit seinen Freunden einen Dialog führt. Mit der Fähigkeit zum Dialog ist weder eine bloße Argumentationskunst noch ein theoretisches Erkenntnisvermögen gemeint. Vielmehr äußert sich im Miteinanderreden oder in der »Dialektik« (*dialegomenos*) unsere Kraft, an der Welt als Kosmos oder Ordnung durch diskursives Denken und intuitive Einsicht teilzuhaben. Das von Sokrates gebrauchte griechische Wort *diatattein* heißt wörtlich »anordnen«, und zwar geht es um das Anordnen des *legomenon*, des Gesagten und Gedachten als Ausdruck des Seins selbst.

Wer also miteinander ernsthaft ins Gespräch kommt und gemeinsam um Wahrheit bemüht ist, versucht zu verstehen, wie die Welt wirklich ist, um sich entsprechend in ihr frei, und das heißt mit Einsicht in das, was wirklich ist, zu orientieren. Nicht die Flucht in ein höheres, geistiges Jenseits, sondern die Orientierung im Diesseits kraft des Geistes ist das Ziel der Philosophie – jetzt, wie Sokrates sagte. Die Kraft des Geistes übersteigt nach Platon das einzelne Ich und ist von göttlichem Ursprung – eine Überzeugung, die ihn beispielsweise mit dem Zen-Buddhismus verbindet. Wenn daher Sokrates im *Phaidon* seine Freunde tröstet, daß er nun bald zu den »Herrlichkeiten der Seligen« gelange (*Phaidon* 115d), ist etwas von dieser Überzeugung einer »göttlichen« Kraft zu spüren, nicht aber von einer schwärmerischen Weltflucht.

Auch sich mit Kindern im Denken zu orientieren, bedeutet nicht Weltflucht, sondern Vertrauen auf die Kraft unserer Vernunft im konkreten Leben. Dabei ist »sich im Denken orientieren« durchaus doppeldeutig: zum einen bedeutet es, *im* Bereich dessen, was wir meinen oder was wir hören und gesagt bekommen, eine Gesamtperspektive (nach Kant: einen »Kompaß«) zu gewinnen; zum anderen bedeutet es, diese Gesamtperspektive vernünftig, *durch* Selbstdenken zu gewinnen und sich insgesamt auf das eigene, freie Denken, nicht aber auf äußere Autoritäten zu verlassen, beginnend mit kleinen Schritten begrifflicher und argumentativer Differenzierungen im Blick auf die Vielfalt und Einheit von Erfahrungen und Phänomenen.

3
Dialog-Handeln

A
Harrys All-Sätze und Pixies geheimnisvolles Wesen

»Wahrscheinlich wäre das alles nicht passiert, wenn Harry an diesem Tag in der Naturkundestunde nicht eingeschlafen wäre. Na ja, eigentlich ist er gar nicht richtig eingeschlafen. Nur seine Gedanken schweiften ab. Der Lehrer, Herr Barner, hatte gerade über das Sonnensystem gesprochen und darüber, daß alle Planeten sich um die Sonne bewegen, da hörte Harry einfach auf, zuzuhören. Ganz plötzlich hatte er das Bild einer großen, glühenden Sonne vor sich, um die all die kleinen Planeten gleichmäßig ihre Kreise zogen. Da bemerkte Harry, daß Herr Barner ihn direkt ansah. Harry versuchte, sich zu konzentrieren und der Frage ›Was hat einen langen Schweif und dreht sich einmal alle 77 Jahre um die Sonne?‹ seine ganze Aufmerksamkeit zu schenken. Harry erkannte, daß er keine Möglichkeit hatte, die Frage so zu beantworten, wie Herr Barner das erwartete. [. . .] Harry wußte, daß er ein paar Sekunden hatte, die vielleicht ausreichen konnten, um sich eine Antwort einfallen zu lassen. ›Alle Planeten bewegen sich um die Sonne‹, wiederholte er Herrn Barners Ausführungen. Und dieses Ding mit diesem Schweif, was immer es war, drehte sich auch um die Sonne. Konnte es auch ein Planet sein? Es schien einen Versuch wert zu sein. ›Ein Planet?‹ fragte er voller Zweifel. Er war auf das Gelächter der Klasse nicht vorbereitet. [. . .] Wo hatte er einen Fehler gemacht?« (Lipman, 1983, S. 5.)

Mit dieser Denkaufgabe beginnt das erste Kapitel von Matthew Lipmans Geschichte *Harry Stottlemeiers Entdeckung*, das häufig zitierte Paradebeispiel der *Philosophy for Children*. Wo hat Harry also einen Fehler gemacht? Herr Barner hatte den Kindern gerade erklärt, daß es sich um den Halleyschen Kometen handelt: dieser kreist zwar auch wie die Planeten um die Sonne, ist aber selber kein Planet. Harry aber konnte sich das Gelächter der Klasse nicht erklären, weil er ja, wie er meinte, durchaus nachgedacht hatte.

Vor einigen Jahren hatte ich zu mir nach Hause etwa ein halbes Jahr lang eine kleine »Denk-Gruppe« eingeladen. Mit den sechs neun- bis elfjährigen Kindern, meinen eigenen beiden und deren Freundinnen und Freunden, haben wir mit Harrys Problem angefangen. Zunächst sahen wir uns in einem der bekannten Sachbücher für Kinder das Sonnensystem mit seinen Planeten an. Tobias, dem das Buch gehörte und der sich darin auskannte, kam dabei auf eine Idee: »Harry hat zwei Fehler gemacht: erstens braucht kein Planet 77 Jahre für seine Umdrehung um die Sonne, und zweitens hat kein Planet einen Schweif.« Darin aber bestand Harrys Fehler nicht, wie die anderen erkannten. Denn das konnte Harry doch gar nicht wissen, weil er ja nicht aufgepaßt hatte. Da erst wurde mir klar, daß Tobias zwar eine richtige Antwort auf die Frage »Was war falsch an Harrys Antwort?« gegeben hatte, daß aber die Frage genauer und weniger mißverständlich heißen müßte: »Wo hat Harry einen Denkfehler gemacht?«

Wir sahen uns Harrys »Denkkette« noch einmal genauer an: »Alle Planeten kreisen um die Sonne. Dieses Ding da kreist auch um die Sonne. Also ist es ein Planet.« In den ersten beiden Sätzen lag offensichtlich kein Fehler, wie die Kinder schnell herausfanden. Folglich mußte er im dritten Satz liegen. Das »also« war verkehrt, wie Birgit herausfand, »weil Harry dachte, es kreisen nur Planeten um die Sonne«. Nach einigem Herumprobieren brachten die Kinder Harrys Fehler schließlich auf die Formel: »Alle Planeten kreisen zwar um die Sonne, aber nicht alles, was um die Sonne kreist, ist deshalb ein Planet.« Worin aber lag der Fehler genauer? Wir stellten die »Denkkette« zunächst in Kreisform dar und zeichneten (mengentheoretisch) in einen großen Kreis »was um die Sonne kreist« zwei kleinere Kreise »Planeten« und »Kometen« ein. Daraufhin konnten die Kinder Harrys Fehler leichter »entdecken«: Man darf Sätze, die mit »alle« beginnen oder – wie wir schließlich nach mehreren Versuchen als Abkürzung sagten – All-Sätze nicht automatisch umdrehen.

Wieso aber heißt die Geschichte eigentlich *Harry Stottlemeiers Entdeckung*? Wir versuchten eine Antwort, indem wir uns den Unterschied zwischen »Entdeckungen« und »Erfindungen« klarmachten. Schließlich einigten wir uns darauf, daß man »etwas Neues erfindet«, wie Daniel Düsentrieb in den Micky-Maus-Heften, daß man aber »etwas, was schon da ist, aber bisher von niemandem oder von Harry oder von uns nicht gesehen wurde, entdeckt«. Die Kinder hatten etwas entdeckt, was sie vorher noch nie gesehen hatten. Bisher hatten sie im Deutschunterricht Sprache nur als mühseliges oder langweiliges Gebiet voller Möglichkeiten für Komma- und Rechtschreibfehler kennengelernt. An Harrys All-Sätzen aber ging ihnen allmählich auf, daß Sprache etwas mit Denken zu tun hat und daß die Lösung eines Denkrätsels Spaß machen kann. Die Kinder hatten in der Gruppe an einem kleinen Beispiel weitgehend selber herausgefunden, wie Grammatik etwas mit Denken zu tun hat und was Denkfehler sind. Daher stieß Claudias Kritik, das sei ja hier wie im Grammatikunterricht, bei den anderen Kindern auf Widerspruch. Sie fanden, daß sie wirklich interessante Dinge entdeckt hatten, im Unterschied zum Pauken von Komma- und Rechtschreibregeln.

In der nächsten Woche trafen wir uns wieder und lasen, wie auch Harry von seinen Entdeckungen angetan war und sie gleich seiner Freundin Lisa mitteilen wollte: »Wenn du Aussagen herumdrehst, sind sie nicht mehr wahr.« Als sie Harry nicht gleich verstand, forderte er sie auf, selber eine Aussage mit zwei Dingen wie »Katzen und Tiere oder Eiskugeln und Leckereien oder Astronauten und Menschen« zu bilden: »Schließlich hatte Lisa sich entschieden. ›Kein Adler ist ein Löwe‹, sagte sie bedeutungsvoll. So wie sein Kater sich auf ein Wollknäuel stürzt, das man ihm entgegenrollt, so stürzte sich Harry auf diesen Satz. Blitzschnell hatte er den Satz umgekehrt: ›Kein Löwe ist ein Adler.‹ Er war wie gelähmt.« (S. 7.) An dieser Stelle unterbrach ich das Vorlesen und fragte die Kinder, was Harry denn so »gelähmt« hat. Sie merkten schnell, daß man zwar Lisas Satz umdrehen konnte, Harrys Satz aber nicht. Als ich nach dem Grund fragte, kam Silvia darauf, daß beide Sätze verschieden anfingen: der eine fing mit »alle« an, der andere mit »kein«. Harry hatte offensichtlich gedacht, so meinte Klaus, daß seine Entdeckung für alle Sätze gilt, sie gilt aber nur für einige Sätze: All-Sätze kann man nicht umdrehen, Kein-Sätze aber doch. Ob dies stimmt, probierten wir noch an ein paar Beispielen durch und zeichneten Lisas Kein-Satz in zwei nebeneinander liegenden Kreisen für »Adler« und »Löwen« auf.

Auch bei den nächsten Treffen wollten die Kinder noch mehr von Harry hören. Daher las ich ihnen den Schluß des ersten Kapitels vor, wie es Harry nach der neuen Entdeckung mit Lisa ergangen ist: »Harry war so dankbar für Lisas Hilfe, daß er kaum wußte, was er sagen sollte. Er wollte ihr danken, aber statt dessen murmelte er nur etwas, und den Rest des Nachhauseweges rannte er. Er lief schnurstracks in die Küche, aber als er dort ankam, stand seine Mutter vor dem Kühlschrank und unterhielt sich mit ihrer Nachbarin, Frau Olsen. Harry wollte nicht stören. Deshalb blieb er eine Weile und hörte der Unterhaltung zu. Frau Olsen sagte gerade: ›Lassen Sie mich eins sagen, Frau Stottlemeier! Frau Baker, die gerade in den Schulelternrat gewählt worden ist, sehe ich jeden Tag in die Gastwirtschaft gehen. Nun, da frage ich mich doch, ob Frau Baker eine, nun Sie wissen schon …‹ – ›Ob Frau Baker eine Trinkerin ist?‹ fragte Harrys Mutter höflich. Frau Olsen nickte. Plötzlich machte irgend etwas in Harrys Kopf ›KLICK‹!« (S. 8.)

Bei den Kindern meiner Gruppe machte es nicht so schnell KLICK. Deshalb half ich ihnen mit der Frage, ob sie bei Frau Olsen dieselbe fehlerhafte »Denkkette« wie bei Harry zu Anfang der Geschichte wiedererkennen könnten. Wir wiederholten noch einmal seinen All-Satz mit den Planeten. Schließlich fand Birgit heraus: »Alle Trinker gehen täglich in die Gaststätte, aber nicht jeder, der täglich in die Gaststätte geht, ist ein Trinker!« Da »klickte« es auch bei den übrigen Kindern. Allerdings fanden sie, daß der All-Satz nicht stimmt – nicht alle Trinker gehen täglich in die Gaststätte. Es gebe zum Beispiel auch »Daheimtrinker« und »Quartalssäufer«.

Nach ihren eigenen Überlegungen waren die Kinder gespannt, wie es mit Harry in der Geschichte weiterging: »›Frau Olsen‹, sagte er, ›obwohl Sie möglicherweise recht haben, daß alle Leute, die das Trinken nicht lassen können, jeden Tag in die Gastwirtschaft gehen, heißt das noch lange nicht, daß alle Leute, die jeden Tag in die Gastwirtschaft gehen, Trinker sind.‹ ›Harry‹, sagte seine Mutter, ›das ist nicht deine Angelegenheit und, nebenbei, du unterbrichst uns.‹ Aber Harry konnte am Gesichtsausdruck seiner Mutter ablesen, daß sie erfreut war über das, was er gesagt hatte. Deshalb nahm er ruhig sein Glas mit Milch, setzte sich hin und trank; er fühlte sich zufriedener als an den letzten Tagen.« (S. 8f.) Die Kinder fanden Harry etwas zu schlau und nannten ihn ab jetzt »Harry Schlaumeier«. Allerdings waren sie schon ein wenig stolz, daß sie selber entdeckt hatten, was an Frau Olsens Denken falsch war.

Eine recht witzige Anwendung unserer Denkarbeit mit den All-Sätzen erlebte ich am nächsten Sonntagmorgen. Der neunjährige Tobias, seine elfjährige Schwester Silvia und ihre gleichaltrige Freundin Bianca tobten in ihrer Bettenhöhle, als ich sie zum Frühstück holen wollte. Da sagte Tobias mit einem breiten Grinsen: »Du Papi, ich habe einen All-Satz, den kann man umdrehen: ›Alle, die Sommersprossen haben, sind doof. Und alle, die doof sind, haben Sommersprossen.‹« Bianca protestierte: »Nee, das geht nicht. Es gibt auch Doofe, die keine Sommersprossen haben.« Tobias aber ließ sich nicht erschüttern: »Doch, ich behaupte aber: ›Alle, die

Sommersprossen haben, sind doof. Und alle, die doof sind, haben Sommersprossen.‹« Wie Bianca, versuchte auch ich, den Umkehrsatz zu widerlegen: »Aber Tobi, es gibt doch auch Leute, die haben Sommersprossen und sind nicht doof.« Tobias konterte nur: »Nee, die sind dann eben doof.« Meine Gegenfrage »Und alle Doofen haben Sommersprossen?« beantwortete er mit einem festen »Ja!« Ich versuchte, seine Festigkeit mit einem absurden Anwendungsfall zu erschüttern: »Und wenn du in einer Irrenanstalt Leute ohne Sommersprossen siehst?« Tobias blieb weiterhin standfest: »Ich würde zum Arzt sagen: ›Die sind nicht doof. Die haben ja keine Sommersprossen.‹« Ich war mit meiner Logik am Ende. Da merkte ich plötzlich am breiten Grinsen meines Sohnes, daß es ihm um etwas ganz anderes ging. Deshalb fragte ich ihn mißtrauisch: »Sag mal, Tobi, wie kommst du eigentlich auf deinen Satz?« Da prustete er los: »Naja, weil eben Silvi und Bianca Sommersprossen haben!« Ich konnte gerade noch rufen: »Jetzt ist mir alles klar!« und mich aus dem Zimmer der Kinder zurückziehen, als die Betten-Schlacht zwischen den dreien richtig losging.

Als wir endlich beim Frühstück saßen, konnte ich es nicht lassen und kam noch einmal auf den All-Satz zurück. Ich fragte Tobias, ob er mir mal den Satz mit den Doofen und den Sommersproßlern in zwei Kreisen zeichnen könnte, wie wir das ja auch bei den Beispielen in unserer Denk-Gruppe gemacht hätten. Tobias zeichnete einen Kreis und schrieb mit einem Pfeil daran: »alle, die doof sind«; auf den ersten Kreis zeichnete er einen zweiten und schrieb ebenfalls mit einem Pfeil daran: »alle, die Sommersprossen haben«. Silvia und Bianca, die sich unterdessen etwas beruhigt hatten, sahen sich die Zeichnung mit mäßigem Interesse an. Natürlich waren beide freihändig gezeichneten Kreise nicht wirklich kreisrund, vor allem aber lagen die beiden Kreise nicht genau aufeinander. Da zeigte Silvia triumphierend auf ein besonders deutliches Segment, das durch die nicht völlige Deckungsgleichheit beider Kreise in der Zeichnung zustande gekommen war, und rief: »Ätsch, da gehöre ich rein: Sommersprossen, und doch nicht doof!« Eine gekonnte Gegenwehr! Sokrates, der die Sophisten – etwa im *Euthydem* – gerne mit ihren eigenen Waffen schlug und auch in seinem eigenen Philosophieren größten Wert auf begriffliche und argumentative Genauigkeit legte, hätte seine helle Freude an der logischen Fallenstellerei der Kinder gehabt – von meinem Vaterstolz einmal ganz abgesehen.

In den folgenden Wochen wählte ich für unsere kleine Denk-Gruppe aus dem »Harry« Abschnitte aus, die weniger logische, sondern eher praktische Fragen behandelten, zum Beispiel: »Sandy hat ein weiches Fell, der Gedanke an Sandy aber nicht« – was sind Gedanken? (3. Kapitel) »Diese Geschichtsstunden sind für die Katz! Ich langweile mich zu Tode!« – Sind alle Schulstunden langweilig? – Das Problem der Induktion und die Frage nach einem besseren Unterricht (5. Kapitel). Bill ist wütend auf den »oberschlauen« Harry und verhält sich auch sonst verdächtig – kann man daraus schließen, daß er den Stein auf Harry geworfen hat? Welchen Wert hat Logik, und wie kann man etwas beweisen? (Ende 8. Kapitel) Das Gespräch im Bus und die Rechte der Schwarzen (13. Kapitel). »Harry« eignet sich zwar kaum zur durchgehenden Lektüre (und ist auch dafür gar nicht von Lipman gedacht), die ausgewählten Abschnitte aber machten den Kindern Spaß. Im Laufe der Zeit gelang es ihnen, sich gegenseitig besser zuzuhören, ihre Gedanken deutlicher auszudrücken und auch auf Kritik einzugehen.

Zwischendurch kamen die Kinder immer wieder mit ihren eigenen Fragen: Warum wollen Erwachsene immer recht behalten? Warum streiten sich die Menschen andauernd? Haben Tiere auch eine Seele? Wo war Gott, als er die Welt geschaffen hatte? Es war nicht immer leicht, derartige Fragen von den oft sehr ernsthaften persönlichen Erfahrungen der Kinder zu trennen und allgemein zu besprechen. Den Kindern fehlte dafür nicht nur das logische Abstraktionsvermögen, sondern auch einfach das Interesse. Sie hatten ganz persönliche, keine allgemeinen Fragen: »Was ist das eigentlich, was ich *tue*? Und was will gerade *ich* damit?« Und: »Was *geschieht* da mit mir eigentlich?« Beim Philosophieren mit Kindern, aber auch mit Erwachsenen, vermischen sich oft persönliche Beziehungs- und allgemeine Sachebene. Darin liegt allerdings nicht nur ein Nachteil, sondern auch die Chance zu einer konkreten Reflexions-Praxis. In meiner Denk-Gruppe jedenfalls habe ich versucht, durch das Besprechen der Textauszüge und deren weiterreichenden Fragestellungen mit den Kindern in gerade auch befreiender und eben nicht nur »abhebender« Distanz zu »begreifen, was uns ergreift« (Hegel) – ein Balanceakt zwischen persönlicher Betroffenheit und befreiender Freude am interesselosen und selbstbewußten Weiterdenken und ein Versuch, der in der Institution Schule an erkennbare Grenzen stößt.

Nach den Erfahrungen mit meiner kleinen Denk-Gruppe wollte ich auch einmal in einer Schulklasse einen Text von Lipman ausprobieren (vgl. Martens, 1984b). Ich bat eine Lehrerin aus einer vierten Grundschulklasse, ob ich dort einmal unterrichten könnte, und gab ihr vorher den geplanten Textauszug aus *Pixie* zum Durchlesen. In ihm geht es darum, daß sich Pixie für den Zoobesuch mit ihrer Klasse als ihr »geheimnisvolles Wesen« ein Tier aussucht, das sie dann im Zoo nicht finden kann, nämlich »das Säugetier«. Das Problem allerdings, was ein Allgemeinbegriff ist, schien der Lehrerin nicht »philosophisch genug« zu sein. Unter Philosophie stellte sie sich eher existentielle Fragen wie Glück, Ausgestoßensein oder Tod vor, nicht aber Probleme der Sprache und Logik – durchaus auch eine innerphilosophische Kontroverse. Außerdem meinte sie, daß ihre Klasse zwar nett, aber nicht besonders intelligent sei. Trotz ihrer Bedenken erlaubte sie mir aber, den Textauszug in einer Doppelstunde in ihrer Klasse zu besprechen.

Um mit der Klasse ein wenig vertraut zu werden, besuchte ich die Kinder in der vorangehenden Grammatikstunde, in der Kommaregeln behandelt wurden. Für meine eigene Stunde wollte ich bereits vom äußeren Rahmen her einen Unterschied sichtbar machen. Daher bat ich die etwa dreißig Kinder nach der Pause, einen großen Sitzkreis zu bilden. Sie waren ziemlich neugierig auf den bereits von der Lehrerin angekündigten Besucher und hörten mir aufmerksam zu, als ich ihnen sagte, daß ich gerne zusammen mit ihnen zwei »Denk-Stunden« versuchen wollte. Ich würde ihnen zuerst einen Auszug aus einer Geschichte mit Pixie vorlesen und danach mit ihnen über ihre Fragen und Einfälle nachdenken. Bevor ich den Auszug vorlas, erzählte ich ihnen, was vorher in der Geschichte passiert war: Pixie ist ein neunjähriges Mädchen, das ständig irgendwelche besonderen Fragen und Einfälle hat. Als ihre Klasse einen gemeinsamen Zoobesuch vorbereitete, sollte sich jedes Kind sein »geheimnisvolles Wesen« vornehmen, das es im Zoo beobachten wollte, es aber vorher niemandem verraten. Pixie hatte sofort einen Einfall, konnte aber im Zoo als einzige ihr »geheimnisvolles Wesen« nicht finden und war schließlich ganz verzweifelt. An dieser Stelle setzte der Textauszug ein (8. Kapitel; vgl. Lipman, 1986).

Ich las den Text Stück für Stück vor. Zwischendurch sah ich fragend auf, um einzelne Bemerkungen, Gesten oder Fragen in den Gesichtern der Kinder aufzugreifen, aber auch, um selber Fragen zu stellen. So fragte ich die Kinder, ob sie sich denn vorstellen könnten, nach welchem »geheimnisvollen Wesen« Pixie im Zoo Ausschau gehalten hatte. Die Kinder wußten nur, was auch Pixie ihrem Lehrer, Herrn Malnig, geantwortet hatte: »Alles, was ich weiß, ist, daß die Mutter ihre Jungen säugt und daß sie warmblütig sind, und daß sie ein Skelett haben und daß sie lebend geboren werden.« Tatsächlich fanden einige Kinder in der Klasse bald die richtige Antwort selber heraus: »Ein Säugetier!« Dann ließ ich Pixie weitererzählen: »Herr Malnig lehnte sich zu mir und flüsterte mir zu: ›War dein geheimnisvolles Wesen ein Säugetier?‹ – ›Das ist es!‹ schrie ich nahezu, ›Sie haben es erraten! Es *gibt* so ein Ding! Ein Säugetier!‹« Die Kinder versuchten wieder selber herauszufinden, warum Pixie im Unterschied zu den anderen in ihrer Klasse ihr »geheimnisvolles Wesen« nicht finden konnte, wenn es doch ein Säugetier gibt. Ein Junge brachte schließlich die Antwort: »Ein ›Säugetier‹ ist nur die Zusammenfassung von Tieren!« Das »Säugetier« kann man nicht sehen oder anfassen, sondern es ist nur ein »Name«, wie ein anderes Kind sagte. Die Antwort machten wir uns an einer Tafelskizze klar: um Affen, Menschen und Pferde herum malte ein Kind einen Kreis als »Zusammenfassung« und schrieb »Säugetiere« daran; diesen Kreis und weitere Kreise mit Fischen und Reptilien faßten wir wiederum als »Tiere« zusammen und bildeten einen weiteren Kreis »Dinge« mit Steinen, Pflanzen oder Wasser. (An einzelnen Spielzeugfiguren hätte ich vielleicht vorher den Kindern demonstrieren sollen, daß auch die ersten Kreise mit den Affen, Menschen und Pferden »Zusammenfassungen« sind: wir sehen nicht ein Pferd allgemein, sondern das einzelne Pferd »Hans«).

Auf meine Frage, was denn »der letzte Kreis« sei, gab es verschiedene Vorschläge: die Luft, das Nichts, die Unendlichkeit, das Denken – Antworten, die an die »Kindertage« der Vorsokratiker erinnern: an Anaximenes (Luft), Anaximander (Unendlichkeit), Anaxagoras (Denken); »das Nichts« erinnert eher an Heidegger oder Sartre. Ich merkte allerdings, daß ich die Kinder mit meiner Frage überfordert hatte (sie überfordert oft auch die »erwachsenen« Philosophen). Warum Pixie ihr »geheimnisvolles Wesen« nicht finden konnte, interessierte sie viel mehr als meine Frage nach einem »letzten Kreis«. Um eine Antwort zu finden, mußte der Unterschied zwischen Einzelnamen und der »Zusammenfassung« als Namen einer Klasse besprochen werden. Daher las ich Pixies Erzählung weiter vor: »Dann sagte Slata: ›Pixie, verstehst du nicht? Wir sind alle Schüler, die eine Klasse bilden, aber die Klasse, die wir bilden, ist nicht selbst ein Schüler.‹ – ›Und‹, fügte Katja hinzu, ›die Klasse der rothaarigen Menschen ist nicht selbst rothaarig.‹ – ›So ist‹, sagte ich, ›das Wort Säugetier der Name für eine Klasse‹ – ›für eine Klasse von Lebewesen, die ihre Jungen säugen‹, sagte Robert. ›Okay‹, stimmte ich zu, ›aber die Klasse der Säugetiere ist nicht selbst ein Säugetier.‹ Dann wurde ich wütend und schrie: ›Also *gibt* es jetzt Säugetiere oder *gibt es keine*?‹«

Pixies Wutanfall konnten die Kinder gut verstehen – ihnen ging es allmählich selber so wie Pixie. Ein Kind faßte schließlich noch einmal zusammen, was wir unterdessen besprochen hatten und was bereits in der Antwort von der »Zusammenfassung« gesteckt hatte: »›Säugetiere‹ gibt es nicht wie den Kater Mohrchen, den man streicheln und mit dem man spielen kann; aber als ›Zusammenfassung‹ gibt es sie, wie die Namen an unseren Kreisen.« Als ich schließlich den Schluß von Pixies Erzählung vorlas, bemerkte ich bei den meisten Kindern große Zustimmung: »Aber alles, woran ich denken konnte, war nur, daß sich herausgestellt hatte, daß mein geheimnisvolles Wesen praktisch überhaupt nichts war – nur der Name einer Klasse, und nicht etwas Warmes, Pelziges, mit einer nassen Nase und weichen braunen Augen.«

Zum Schluß der beiden »Denk-Stunden« fragte ich die Kinder: »Was war an diesen Denk-Stunden anders als sonst?« Sie antworteten unter anderem: »Naja, Sie haben vorgelesen, und wir sollten darüber nachdenken, was das bedeutet.« – »Es war eine Denk- und Rätsel-Stunde, denn das geheimnisvolle Tier mußte ja enträtselt werden.« – »Sie haben vorgelesen, wir haben darüber gesprochen und dabei auch noch nachgedacht.« – »Ich habe darüber nachgedacht, ob das Wetter heute noch schöner wird.« – »Ich denke immer nach, egal was ich tue.« Was war also wirklich aus der Stunde »herausgekommen«? Vermutlich haben die meisten Kinder verstanden, welchen Fehler Pixie gemacht hatte. Der Unterschied zwischen Einzel- und Klassennamen ist wirklich nicht allzu schwer zu verstehen. Was allerdings eine »Klasse« wirklich ist, beschäftigt die Philosophie im uralten »Universalienstreit« bis heute und konnte natürlich auch von den Kindern nicht beantwortet werden. Immerhin haben die Kinder vermutlich die Erfahrung gemacht, wie man über Probleme oder Rätsel der Sprache nachdenken kann, die normalerweise weder in der Schule noch zu Hause vorkommen. Außerdem überlegten sie in einer Haltung des wechselseitigen Zuhörens und in einem genauen Nachfragen und Prüfen.

B
Zusammen sprechen und denken lernen

Harry Stottlemeiers Entdeckung (*Harry Stottlemeier's Discovery*) und *Pixie* gehören zu einer Reihe von Geschichten (*novels*), die Matthew Lipman für den Schulunterricht geschrieben hat. Zu jeder Geschichte ist zusätzlich ein ausführliches Lehrerhandbuch (*manual*) erschienen. Im Lehrerhandbuch werden als Hilfe vor allem für philosophisch kaum vorgebildete Lehrer die Hauptideen des Textes und mögliche Fragen zu einzelnen Passagen erläutert, und es werden detaillierte Unterrichtsvorschläge gemacht. Die Reihe beginnt mit *Kio und Gus* und ist ungefähr für die Schulklassen drei und vier gedacht (für die ersten Klassen gibt es unterdessen mit *Elfi* eine eigene Geschichte, ebenso für die Vorschule mit *The Doll Hospital* von Ann M. Sharp). Die Geschichte enthält Gespräche über Menschen, Tiere und Natur (*Reasoning about nature*) sowie über Sprache, Ideen und Begriffe; das Lehrerhandbuch hat den Titel *Wondering at the world*. In *Pixie*, für Zehn- bis Elfjährige, stehen sprachliche Probleme im Vordergrund, die um den geschilderten Zoobesuch kreisen (*Reasoning about language*). Eingeübt werden sollen vor allem sprachliche Handlungen wie Einteilen, Verallgemeinern, Widersprechen oder Ausgrenzen. Das Lehrerhandbuch *Looking for meaning* behandelt im Doppelsinn von »Bedeutung« als Inhalt und Wichtigkeit Fragen, die sich für Pixie und die anderen Kinder der Geschichte stellen.

In *Harry Stottlemeiers Entdeckung*, etwa für die Klassen fünf und sechs, geht es vor allem, wie beim Namensvorbild ›*Aristotle*‹, um logisches Denken (*basic reasoning skills*), etwa um gültiges Schließen beim Beispiel von Harrys All-Sätzen, um Begründen, Verallgemeinern, Herausfinden von verborgenen Voraussetzungen und Vorurteilen, oder um den Umgang mit Mehrdeutigkeiten (unterdessen ist als Ausgabe für Erwachsene *Harry Prime* erschienen); der Titel des Handbuchs *Philosophical Inquiry* unterstreicht die Hauptintention der gesamten Reihe, die Kinder einer Schulklasse allmählich zu einer philosophischen Dialoggemeinschaft zu bilden. In *Lisa* für die Klassen sieben bis neun werden dann die bisher besprochenen und eingeübten sprachlichen und argumentativen Mittel besonders auf ethische Fragestellungen bezogen (*Reasoning in ethics*), zusammen mit dem Lehrerhandbuch *Ethical Inquiry. Suki* will Kinder der achten bis zehnten Klasse durch Beispiele dazu anregen, selber Gedichte und Geschichten zu schreiben, über Qualitätsunterschiede zu urteilen und Verbesserungsvorschläge zu einzelnen Geschichten zu machen (*Reasoning in Language Arts*), unterstützt durch den Lehrerband *Writing, how and why?* Die Geschichte *Mark* schließlich ist ebenfalls für die Klassen acht bis zehn geschrieben und enthält Gespräche über Probleme auf dem Gebiet der Politik, des Staates und der Gesellschaft (*Reasoning in Social Studies*); als Lehrerhandbuch ist *Social Inquiry* erschienen.

Jede der Geschichten behandelt also klassische Teilgebiete der Philosophie und ist, in einer moderaten Weise, deutlich der Methode der modernen sprachanalytischen Philosophie verpflichtet, die philosophische Probleme vor allem als sprachlich-logische Fragen versteht. Allerdings werden nicht Theorien, Begriffe oder Probleme der philosophischen Tradition oder einer bestimmten Fachrichtung für Kinder in einer bloß vereinfachten oder reduzierten Form deduktiv vermittelt, sondern Ausgangspunkt sind unterschiedliche Alltagssituationen, die in sprachanalytischer Weise aufgeklärt werden sollen. Die Geschichten sind weitgehend in Dialogform geschrieben und sollen dadurch selber zur Dialogtätigkeit anregen. Sie sind weder als Ersatz für anregende Kinderbücher zum Alleinlesen gedacht noch als reine Unterrichtsbücher, sondern, zusammen mit den Lehrerhandbüchern, als Arbeitsmaterial zum Gestalten von Dialogen.

Ziel des gesamten philosophischen Curriculums von Lipman und seinen Mitarbeitern ist somit deutlich nicht das theoretische Lehren philosophischen Wissens, sondern ein praktiziertes Philosophieren, etwa als Fähigkeit, Begriffe, Argumente und Schlußfolgerungen zu analysieren und korrekt zu gebrauchen; als Bereitschaft, diese Fähigkeit im gemeinsamen Gespräch auch auf die eigenen, liebgewordenen Meinungen und Vorurteile zu beziehen und diese zu korrigieren, im Übergang von der (objektbezogenen) analytischen zur (subjektbezogenen) reflexiven Fähigkeit; schließlich aber wird durchgehend neben dem strengen begrifflich-argumentativen und dem reflexiven Charakter der Philosophie auch eine spielerische und offene Haltung vermittelt.

In Lipmans Curriculum geht es immer darum, die reflexiven Fähigkeiten auf wichtige inhaltliche Probleme zu beziehen. Dementsprechend unterscheidet Lipman in seinem Artikel *Über den philosophischen Stil von Kindern* (Lipman, 1984) das philosophische, nicht-, quasi- und pseudophilosophische Gespräch voneinander. Philosophische Gespräche (1) zeichnen sich nach Lipman dadurch aus, daß sie sich auf von ihm nicht näher eingegrenzte Inhalte oder Ideen grundsätzlicher Art beziehen, daß sie als Instrumente die verschiedenen Denkfertigkeiten anwenden und daß sie als Methode den selbstbestimmten, reflexiven Dialog praktizieren. Wenn sich diese Merkmale allerdings abschwächen oder wenn sie ganz fehlen, könne aus einem philosophischen Gespräch leicht ein nicht-philosophisches (2) werden, »lediglich ein Austausch von Meinungen, Erinnerungen oder Erzählungen« (S. 6). Quasi-philosophische Gespräche (3) lägen ferner dann vor, wenn entweder die strenge argumentative Behandlung eines Themas fehle oder die argumentative Seite zum Selbstzweck werde. Im ersten Fall, etwa im Deutschunterricht, würden dann, auch bei einem »großen Buch« mit philosophischen Ideen, nur die stilistischen oder literarischen Qualitäten und nicht die Gültigkeit der Aussagen untersucht. Im anderen Fall würden logische und begriffliche Übungen ohne Bezug auf philosophische Fragen und reflexive Erfahrungen durchgeführt. Pseudophilosophische Gespräche schließlich (4) bezögen sich zwar auf philosophische Fragen, blendeten jedoch im wesentlichen eine rationale Untersuchung aus. Von (2) und (3) unterscheiden sie sich, so muß man Lipman offensichtlich verstehen, vor allem dadurch, daß sie trotz der genannten fehlenden Merkmale eines wirklich philosophischen Gesprächs dennoch den Anspruch auf Philosophie erheben, in Wirklichkeit jedoch der von Kant kritisierten »Schwärmerei« entsprechen. Wenn auch erhebliche Probleme bestehen, wie man die fließenden Übergänge genauer bestimmen und konkrete Fälle im einzelnen beurteilen kann, sind Lipmans Unterscheidungskriterien dennoch geeignet, »Geschwafel« über große Ideen, persönliches Betroffenheitspathos, literarische Analysen sowie rein semantische und grammatische Übungen in einem ersten groben Zugriff von einem philosophischen Dialog zu unterscheiden – nicht nur beim Philosophieren mit Kindern.

Die Zielsetzung von Lipmans Curriculum ist nicht von seinen besonderen Entstehungsbedingungen abzutrennen, den Krisenerfahrungen im amerikanischen Bildungssystem zur Zeit des Vietnamkriegs Mitte der sechziger Jahre. Wie viele andere Lehrer und Hochschullehrer spürte auch Lipman, damals Professor für Logik und Ästhetik an der Columbia University in New York, daß die Studenten und »das Establishment« keine gemeinsame Sprache fanden, um miteinander über die politische und moralische Krise zu reden, die der Vietnamkrieg bei weiten Teilen der Jugend ausgelöst hatte. Im Bildungssystem war die Fähigkeit weder angestrebt noch ausgebildet worden, begrifflich und argumentativ klar über Meinungen und Interessen zu reden sowie mit unterschiedlichen Auffassungen rational umzugehen. Lipman war der festen Überzeugung, daß das gesamte Bildungssystem von unten her nicht ohne Hilfe der Philosophie reformiert werden könne. Daher vollzog er einen »Bruch« mit der Universität, wie er selber erzählt, und gründete 1974 mit Hilfe einer privaten Stiftung das »Institute for the Advancement of Philosophy for Children« in Upper Montclair (N. J.) bei New York.

An diesem Institut gibt Lipman seitdem mit Ann M. Sharp und anderen Mitarbeitern außer dem Philosophie-Curriculum mit den Dialoggeschichten und Lehrerhandbüchern mehrere andere Publikationen heraus: *Thinking. The Journal of Philosophy for Children* (mit zahlreichen Praxisberichten und Unterrichtsprotokollen, die man ebenfalls in der von Ronald Reed herausgegebenen Zeitschrift *Analytic Teaching* findet); ferner eine Textsammlung, in der sich Pädagogen und Philosophen, wie Locke, Vico, Pestalozzi, Jaspers oder Dewey, zum Philosophieren mit Kindern äußern (*Growing up with Philosophy*); schließlich ein Buch über Ziele und Methoden (*Philosophy in the Classroom*, 1980), eine weitgespannte Aufsatzsammlung *Thinking Children and Education* (1993), schließlich Lipmans Standardwerk philosophischer Erziehung *Thinking in Education* (1991). Außerdem geben die Mitarbeiterinnen und Mitarbeiter selber Unterricht für Kinder, bilden Lehrer aus und veranstalten Kolloquien. Von Lipmans Institut aus wurden unterdessen weltweit andere Institute mit ähnlicher Ausrichtung gegründet (z. B. Camhy, 1984).

Die Ziele, von denen sich Lipman leiten läßt, kann man in drei Punkten zusammenfassen. Lipman geht erstens von der elementaren Einsicht aus, daß wir mit dem Sprechen zugleich das Denken lernen. Kinder lernen etwa den Gebrauch von logischen Partikeln wie »alle«, »keine« oder »einige«, die Verbindung von Sätzen etwa durch »wenn – dann«, »trotzdem« oder »weil«, die Differenzierung und Verbindung von Begriffen wie »Freundschaft«, »Tisch« oder »doof«; und schließlich lernen sie auch, in welchen Situationen es besser ist, sich anders als durch Sprache auszudrücken. Auf jeden Fall ist ihnen die Macht der Sprache über Menschen und Welt bewußt, wie die kindliche Freude am Plappern, Phantasieren und »Lügen« zeigt. Mit der Sprache werden die Kinder in eine vorgegebene Weltsicht eingeübt, sie versuchen aber auch, ihre eigene Kraft gegen die Erwachsenenwelt zu erproben. Sprechenlernen ist daher nicht nur wichtig, um den vorgefertigten Denkbahnen anderer folgen zu können, sondern auch, um mit anderen seine eigenen Gedanken austauschen und klären zu können. Daher ist es nach Lipman unerläßlich, das Sprechenlernen bei den Kindern möglichst früh zugleich als Denkenlernen zu stärken. Denn unsere *Gedanken* über die *Wirklichkeit* lassen sich nur über unsere *sprachlichen Äußerungen erfassen.* Das »ontologische« und »mentalistische« Paradigma der Philosophie ist im »linguistischen« Paradigma aufgehoben (vgl. Schnädelbach, 1991).

Zweitens bedeutet für Lipman Denken immer Selbst-Denken. Daher sollen die Kinder nicht Philosophie, sondern Philosophieren lernen. In der Schulklasse oder in Gruppen solle – ähnlich wie nach der »Logischen Propädeutik oder Vorschule des vernünftigen Redens« (Kamlah/Lorenzen, 1967; vgl. Kößler, 1973) – eine *community of investigators* entstehen. In ihr artikulieren Kinder und Erwachsene gemeinsam ihre Ideen, vergleichen sie miteinander und verbessern sie. Wenn die Kinder auf diese Weise lernen – und mit ihnen die Erwachsenen –, ihre eigenen Gedanken besser auszudrücken und zu verstehen, einander zuzuhören, sich wechselseitig zu respektieren, unterschiedliche Auffassungen zu erkennen und argumentativ zu bearbeiten sowie offene Fragen auszuhalten, zumal bei den »großen Ideen« wie Glück, Gerechtigkeit, Freundschaft oder Schönheit, kämen sie dem Ideal einer wirklich demokratischen, freiheitlichen Gesellschaft ein Stück näher.

Drittens sieht Lipman in der Philosophie nicht nur ein Mittel zum Zweck der Denkförderung oder der demokratischen Erziehung, sondern auch Mittel und Ausdruck freier Persönlichkeitsentfaltung. Das vor allem begrifflich-argumentative Philosophieren könne die Kinder unabhängiger von dem machen, was alles als vermeintlich notwendiges Wissen und als Vorschrift auf sie zukommt. Zu den Kinderspielen gehört daher auch das Gedankenspiel. Neben einem ästhetischen Reiz erfahren die Kinder dabei ihre Kraft, nicht alles Gegebene dumpf hinzunehmen, sondern es zu erkennen und in ihrem Sinne zu gestalten. Sie erfahren und stärken ihre Identität als autonome Persönlichkeit. Dieses Moment praktizierter Selbsterkenntnis ist seit ihren sokratischen Anfängen treibendes Motiv der Philosophie und steht, wenn auch nicht ausdrücklich formuliert, hinter Lipmans Ansatz.

Die drei Ziele des Sprechen- und Denkenlernens, des gemeinsamen Selbst-Denkens und der eigenen Kraftentfaltung bilden zusammen das Konzept des Dialog-Handelns, wie man es typologisierend zusammenfassen kann. *Dialog* ist dabei in einem doppelten Sinne zu verstehen. Zum einen hat Denken immer die Form eines inneren Dialogs der Seele mit sich selbst. Wenn wir denken, gehen wir einzelne Gedankenschritte durch und besprechen mit uns selber wie mit einem inneren Gesprächspartner das Für und Wider. Die Einfälle und der Abschluß von Gedanken haben einen monologischen Charakter und kommen »von selbst«; der Vorgang des Denkens jedoch ist dialogisch und ist auf eine reale Gestaltung angewiesen. Auch beim scheinbar monologischen, einsamen Denken benutzen wir Begriffe und Argumente einer Sprachgemeinschaft, in die wir hineingewachsen sind, und in der kritischen Auseinandersetzung oder Ablehnung fremder Gedanken beziehen wir uns auf Dialogpartner. Von dieser internen dialogischen Struktur des Denkens ist der Denkprozeß in einem realen Dialog zu unterscheiden. Während im ersten Fall der reale Dialog nur eine äußere Zutat zum Denken ist, entweder als Vorprägung des Denkens oder als dessen nachträgliche Vermittlung, ist im zweiten Fall der Dialog für den Prozeß der Wahrheitsfindung wesentlich (vgl. Schnädelbach, 1989). Offensichtlich folgt Lipman der zweiten Vorstellung des notwendigen realen Dialogprozesses. Dieser kommt an kein abschließbares Ende und kann in jeder Gruppe anders verlaufen. Das wechselseitige Verstehen und Überzeugen kann durch keinen Autoritätsanspruch ersetzt werden, ohne daß es aber auf reale Kompetenzvorsprünge im methodischen Denken (meistens des Lehrers) und im inhaltlichen Durchdenken verzichten könnte. Dies gilt besonders dann, wenn sich die *community of investigators* erst herausbilden muß.

Das Dialog-Handeln ist aber nicht nur ein gemeinsamer Denkprozeß, sondern zugleich ein *Handeln.* Zunächst sind am (realen) Dialog reale Personen beteiligt, die sich zusammen mit anderen im Denken orientieren wollen. Außerdem sind Fragen, Behaupten, Bezweifeln, Unterscheiden, Schlüsseziehen oder Zustimmen »Sprechakte« (Austin/Searle). Etwas, das in einer realen oder vorstellbaren Situation ohnehin niemand bezweifelt oder niemanden interessiert, braucht auch nicht eigens behauptet, bestätigt oder bezweifelt zu werden. Sprechakte sind daher mit zumindest antizipierten oder vorstellbaren realen Handlungssituationen verbunden. In einem dritten Sinne schließlich ist der reale Dialog der *community of investigators* insofern Handeln, als er Teil eines realen Entscheidungsprozesses sein kann. Auch wenn es im Unterricht oder sonst im Alltag selten um eine direkte reale Entscheidungsfindung mit Hilfe eines philosophischen Diskurses geht, kann das Dialog-Handeln einen Beitrag leisten, Kinder zu einer selbstbestimmten Handlungsweise zu erziehen.

Andererseits lassen sich einige Schwächen nicht übersehen, die das Konzept des Dialog-Handelns hat, zumal in der Realisierung bei Lipman. (1) Wie jede Philosophie als Denkschulung kann auch Lipmans Konzept in einer von ihm gerade nicht beabsichtigten Weise funktionalisiert werden. Bereits in der starken Betonung begrifflich-logischer Fähigkeiten in den verschiedenen Geschichten, erst recht aber in den Übungsaufgaben der

Lehrerhandbücher bietet Lipman leicht selber einen eigenen Anwendungsfall eines bloß »quasi-philosophischen« Gesprächs, in dem das Instrumentarium des Denkens sich gegenüber den Denkinhalten und der reflexiven Denkhaltung verselbständigt. (2) Hinzu kommt der Zwang, die Nützlichkeit von Philosophiekursen nachzuweisen, die selber ihre Nützlichkeit in einem denktechnischen Sinne betonen. Da Lipmans Institut zudem auf privater Basis arbeitet, ist es auf fortlaufende Einwerbung von privaten Stiftungsgeldern angewiesen. So konnte durch Testverfahren in Vergleichsgruppen nachgewiesen werden, daß durch den Einsatz der verschiedenen »Philosophie-Programme« die Leistungen in anderen Fächern wie Mathematik oder Englisch (Deutsch) deutlich gestiegen sind. Gemessen wurden dabei verschiedene *thinking skills* wie Analogienbilden, Schlüsseziehen, Verallgemeinern, Widersprüche erkennen und auflösen sowie begriffliche Unterscheidungen machen (vgl. Lipman/Gazzard, 1986; Gazzard, 1988).

Den wissenschaftsinternen und ökonomischen Zwang zum Nachweis der Nützlichkeit im Sinne einer verwertbaren und meßbaren Effektivität verstärkt (3) seit einigen Jahren in den USA der Boom des *critical thinking* (vgl. *Educational Leadership*, 1984). Mit der Feststellung, daß in der schulischen Bildung ein großer Mangel an Denkerziehung besteht, steht Lipman schon längst nicht mehr allein da, wohl aber in der Einschätzung dessen, was unter »Denken« genauer zu verstehen ist, nämlich primär ein reflexives Denken. Während Politiker und die Öffentlichkeit für die Entwicklung von Hochtechnologie vom Bildungssystem in erster Linie die Zulieferung von Mitarbeitern mit formalen, technischen

Denkqualifikationen erwarten, hat Lipman methodisches Denken immer auf inhaltliche Gedankenklärung und auf eine reflexive Haltung bezogen. Um aber am neuen Boom des *critical thinking* teilzuhaben, betont Lipman in den letzten Jahren häufiger, als dies früher geschah, die Nützlichkeit der instrumentellen Denkschulung seines Philosophie-Programms.

Neben der »Vermarktung« von Lipmans *Philosophy for Children* ist ein weiterer Einwand (4) ihre »Verschulung« (Freese, 1989, S. 115). Dieser Einwand trifft allerdings zunächst jede Form einer lehr- und lernbaren Philosophie, speziell einer stark sprachanalytisch ausgerichteten. Offensichtlich geht der Verschulungs-Vorwurf ebenfalls von einem verengten, eher existentialistisch und metaphysisch geprägten Philosophiebegriff aus und ist seinerseits unterrichtspraktisch mit der Gefahr der »Schwammigkeit« verbunden. Immerhin ist an ihm so viel richtig, daß Lipman den Wert logischer Übungen als Mittel der Denkschulung und philosophischer Reflexion offensichtlich überschätzt, auch deren Motivationskraft für Kinder. In einem weniger grundsätzlichen Sinne bezieht sich die Verschulungs-Kritik aber vor allem auf die spezielle literarische Qualität der Geschichten Lipmans und die Form seiner methodischen Vorschläge. In der Tat wirken seine Texte streckenweise recht konstruiert und können den didaktischen Zeigefinger kaum verbergen; auch bestehen die Übungen in den Lehrerhandbüchern bei allen sonstigen wertvollen Anregungen und Hilfestellungen häufig aus schematischen Ankreuzaufgaben, stark lenkenden Diskussionsanweisungen und ähnlichen Operationen.

Bei der Verschulungs-Kritik darf man allerdings die

curriculare Zielsetzung Lipmans nicht aus dem Auge verlieren: wenn man die Absicht hat, einen Lehrgang mit stufenweisen Lernfortschritten auf breiter Basis in sämtlichen Schulen anzubieten, und wenn man dabei nicht auf entsprechend ausgebildete Lehrer trifft, muß man in der Tat wie Lipman ein stufenweises Curriculum konstruieren und für die Lehrer geeignete Texte und Handbücher anbieten. Für seine curricularen Zwecke sind dagegen die zweifellos literarisch ansprechenderen Kinderbücher weniger geeignet und gehören eher in die Hand kreativer und gut ausgebildeter Lehrer in kleinen Arbeitsgruppen (falls man nicht auch diese Kinderbücher mit »Anregungen« begleitet). Auf jeden Fall stellen die Materialien Lipmans bis jetzt den ersten und einzigen Versuch dar, mit der Philosophie auf breiter Basis und mit unterrichtsmethodisch ausgearbeiteten Hilfsmitteln an die Schule zu gehen (vgl. Leeuw/Mostert, 1988, S. 36–38). Für eine bloße Denkschulung allein bieten sich auch andere Fächer an, etwa der Deutsch- oder Mathematikunterricht. Nimmt man jedoch Lipmans Ziel reflexiven Denkens und die Beschäftigung mit inhaltlichen Leitideen hinzu, ist von den ersten Schuljahren an die Verbindung von *Praktischem Philosophieren und Schulreform* (Schulz, 1989) unverzichtbar.

Was schließlich die verschiedenen Einwände der Funktionalisierung angeht, läßt sich zweierlei erwidern. Erstens kann auch eine demokratische und reflexive Denkorientierung nicht der Gefahr entgehen, für »Teamgeist« und »Flexibilität« in ökonomischen Verwertungszusammenhängen funktionalisiert zu werden, beispielsweise eine »Wirtschaftsethik« oder »Bioethik«. Andererseits kann sich aber auch jede Funktionalisierung ihrerseits gegen ihre eigenen Zwecke kehren. Wenn erst einmal *critical thinking* oder reflexives Denken einen festen Platz im Bildungssystem erhalten hätte, ließe es sich nicht mehr mit Sicherheit in eine bestimmte Richtung steuern. Die Funktionalisierungs-Kritik, egal ob romantischer oder gesellschaftskritischer Herkunft, muß zudem ihre eigene Funktionalisierung erkennen. Philosophieren mit Kindern als bloße Lust am Denken oder als metaphysische Spekulation wäre bloße Kompensation zur schlechten Wirklichkeit einer undemokratischen und »bedeutungslosen« Schule und Bildung. Natürlich können auch hier kompensatorische Denkmotive wieder eine kritische Eigendynamik entwickeln.

C
Gemeinsamer Vernunftgebrauch bei Platon und Dewey

Lipmans Konzept ist unverkennbar von zwei Philosophen geprägt: (I) von Platon und (II) von John Dewey. Lipman äußert sich zwar nur selten zu seinen philosophischen Vorbildern Platon bzw. Sokrates (z. B. Lipman u. a., 1980, S. XIII ff.) oder Dewey (z. B. Lipman/Sharp, 1978, S. 4 f.; vgl. S. 40 ff.), dennoch lassen sich der Sache nach einige deutliche Gemeinsamkeiten feststellen. Durch ein Herausarbeiten dieser Gemeinsamkeiten, aber auch der unverkennbaren Differenzen zu seinen philosophischen Hintergrundtheorien kann das Konzept des Dialog-Handelns in seinen Stärken und Schwächen noch deutlicher hervortreten.

I

Mit Platon verbindet Lipman erstens die generelle Zielsetzung, das gesellschaftlich-politische Leben mit Hilfe der Erziehung zur Philosophie von Grund auf zu erneuern. Seine eigene Zielsetzung beschreibt Platon in seinem autobiographischen »Siebenten Brief«. Für ihn als Mitglied der athenischen Hocharistokratie lag eine politische Karriere zwar zunächst nahe, aber wegen der äußeren politischen Verhältnisse zögerte Platon, sich politisch zu exponieren. Er lehnte die Gewaltpolitik der Dreißig Tyrannen ab, die von Sparta in Athen nach dem verlorenen Peloponnesischen Krieg eingesetzt worden waren und zu denen mit Kritias und Charmides zwei enge Verwandte von ihm und ehemalige Schüler des Sokrates gehörten. Aber ebenso verurteilte er die Politik der zurückgekehrten Demokratieanhänger, die einen Mann wie Sokrates hinrichteten. Nach ausgedehnten Studienreisen und einem ersten Besuch in Syrakus festigte sich bei Platon die Überzeugung, daß man nur von der Philosophie her erkennen könne, worin »Gerechtigkeit im Staat und im Privatleben besteht«, und daß nur durch eine philosophische Orientierung der Unrechtsstaat überwunden werden könnte (326a f.). Die vom etwa vierzigjährigen Platon kurz darauf gegründete Akademie sollte diese philosophische Orientierung der Politik vor allem durch die Erziehung ermöglichen helfen, wie Platon am Höhlengleichnis im *Staat* (7. Buch) entwickelt.

Zweitens findet man auch bei Platon Philosophieren mit Kindern, allerdings deutlicher in den Frühdialogen als später im *Staat*. Im *Lysis* beispielsweise (s. Martens, 1997, S. 15 ff.) unterhält sich Sokrates mit zwei etwa zwölfjährigen Jungen, Lysis und Menexenos, um die sich als Heranwachsende die ersten Liebhaber bemühen. Zunächst aber macht Sokrates dem Hippothales klar, daß er sich als Liebhaber des Lysis mit seinen Lobgesängen auf die vornehme Herkunft und die Schönheit seines Geliebten letztlich nur selber loben wolle. Außerdem mache er Lysis dadurch nur eingebildet und erreiche damit das Gegenteil von seinem Ziel. Als ihn Hippothales daraufhin um Rat fragt, wie man mit dem Geliebten besser reden müsse, um seine Gunst zu erwerben, führt Sokrates einen praktischen Versuch mit Lysis vor:

SOKRATES. Dein Vater und deine Mutter haben dich doch sehr lieb, nicht wahr Lysis?
LYSIS. Natürlich.
SOKRATES. Also wollen sie doch bestimmt, daß du möglichst glücklich bist?
LYSIS. Was denn sonst?
SOKRATES. Glaubst du aber, daß jemand glücklich sein kann, der nur gehorcht, wie ein Diener, und der nichts tun darf, wozu er Lust hat?
LYSIS. Beim Zeus, das glaube ich auf keinen Fall.
SOKRATES. Wenn also dein Vater und deine Mutter dich lieben und wenn sie möchten, daß du glücklich wirst, dann tun sie doch alles dafür, daß du auch wirklich glücklich bist?
LYSIS. Das ist doch klar.
SOKRATES. Sie lassen dich folglich tun, was du willst, und schimpfen auch nicht oder hindern dich daran, etwas zu tun, wozu du Lust hast?
LYSIS. Aber ja doch, beim Zeus, und an wie vielen Sachen die mich hindern!

(Lysis 207df.; Übersetzung E. M.)

Der Wagenführer, Maultiertreiber, »Knabenführer« (griech. *paidagogos*), Lehrer und die Weberinnen können mehr tun als Lysis und haben zum Teil sogar Macht über ihn, obwohl sie selber Unfreie sind. Mit dieser Einsicht muß Lysis seine ursprüngliche Ansicht korrigieren, daß Glücklichsein völlige Handlungsfreiheit bedeute. Sokrates führt ihn anschließend wieder durch verschiedene Beispiele zu einer nächsten Korrektur. Nicht sein Alter, sondern seine Sachkenntnisse entscheiden darüber, was er tun und lassen darf. So reden ihm etwa beim Lesen, Schreiben oder Lyraspielen seine Eltern nicht dazwischen, obwohl er jünger ist. Überhaupt läßt jeder dem Sachkundigen den Vortritt. Damit ist auch der Grund für die anfangs von Lysis bloß behauptete Freundschaft oder Liebe seitens der Eltern gefunden, eine dritte Korrektur: »Wenn du aber verständig wirst, o Knabe, dann werden alle dir freund und alle dir zugetan sein« (210d f.).

Nach dem üblichen Muster der Frühdialoge und ohne prinzipiellen Unterschied zum Philosophieren mit Erwachsenen hat Sokrates somit schrittweise den Jungen Lysis in seinem Nichtwissen überführt, wie anschließend auch Menexenos. Dabei handelt es sich nach der anfangs aufgestellten Gebrauchsdefinition zweifellos um Philosophie als Einheit von Haltung, Methode und Inhalt. Auf dieselbe Weise unterhält sich Sokrates auch mit dem jungen Charmides im gleichnamigen Dialog über die Besonnenheit. Überhaupt schien Sokrates bei den jungen Athenern bekannter als bei der Vätergeneration gewesen zu sein. Als Lysimachos im Dialog *Laches* seinen Gesprächspartnern Sokrates als Berater in Erziehungsfragen empfiehlt, erinnert er sich daran, durch seine Kinder bereits von ihm gehört zu haben. Als er sie daraufhin fragt, kommen die Kinder das einzige Mal im Dialog selber zu Wort: »Sagt also, ihr Kinder, ist dieses der Sokrates, den ihr immer erwähnt? – Allerdings, o Vater, ist es dieser« (*Laches* 181a). Ein weiteres Beispiel für Sokrates' Philosophieren mit Kindern ist der *Theages* über »weise werden« (s. Martens, 1997, S. 76ff.). Allerdings wurde Sokrates' Philosophieren mit Kindern von den zeitgenössischen Athenern eher kritisch aufgenommen. Der Machtpolitiker Kallikles etwa sah in seinen Gesprächen und Wortuntersuchungen immerhin noch eine harmlose, für Kinder durchaus angemessene Bildungsangelegenheit, die man jedoch als Erwachsener gegen ernsthafte Tätigkeiten eintauschen müsse: »Wenn ich Knaben und Jünglinge bei der Philosophie antreffe, so freue ich mich. [...] Wenn ich dagegen sehe, daß ein Alter noch philosophiert und nicht davon loskommen kann, solcher Mann, o Sokrates, dünkt mich, müßte Schläge bekommen, [...] daß er versteckt in einem Winkel mit drei bis vier Knaben flüsternd sein übriges Leben hinbringt, ohne je edel, groß und tüchtig herauszureden« (*Gorgias* 485c–e). Nicht als harmlose, sondern als gefährliche Tätigkeit sahen dagegen die konservativen Kreise Athens das Philosophieren des Sokrates an. In Aristophanes' *Wolken* etwa wird Sokrates als Obersophist dargestellt, der die herkömmlichen Götter leugnet und im Umgang mit der athenischen Jugend Recht zu Unrecht verdreht. Vorwürfe, die später auch im Prozeß gegen Sokrates erhoben wurden.

Ähnlich warnt auch Platon im *Staat* vor dem »jetzigen Übel mit der Dialektik, [...] daß die Knäblein, wenn sie zuerst solche Reden kosten, damit umgehen, als wenn es ein Scherz wäre, indem sie sie immer zum Widerspruch lenken, und den nachahmend, der sie widerlegt, wieder andere widerlegen und ihre Freude daran haben, wie Hündlein alle, die ihnen nahekommen, durch die Rede zu zerren und zu rupfen [...], so geraten sie leicht dahinein, nichts mehr von dem zu glauben, was sie früher glaubten [...]. Wer aber schon älter ist, wird an solcher Torheit keinen Teil nehmen wollen, sondern lieber den, der untersuchen und die Wahrheit ans Licht bringen will, nachahmen.« Daher soll die Dialektik erst ab etwa zwanzig Jahren und nur an »sittsame und ernsthafte Naturen« vermittelt werden (*Staat*, 7. Buch, 537e – 539d). Auch nach dieser Kritik wäre zwar ein Philosophieren mit Kindern wie im *Lysis* nicht grundsätzlich abzulehnen, aber nur unter bestimmten Voraussetzungen möglich, etwa bei hinreichender Erfahrung, daß man wirklich Wahrheit erkennen kann, wenn auch unter Korrekturvorbehalt, und daß das Widerlegen von dogmatischen Meinungen dazu nur die Voraussetzung, aber kein Selbstzweck oder ein sophistisches Spiel ist. Zwar hielt der spätere Platon des *Staates* die Hindernisse für ein Philosophieren mit Kindern (oder auch der meisten Erwachsenen) offensichtlich aus seiner zeitbedingten Situation heraus für bedenklicher als etwa Kant oder Lipman. Auf jeden Fall aber führt Platon keine philosophie*internen* Gründe an, die ein Philosophieren mit Kindern ausschließen würden (s. Martens, 1992, S. 114ff.).

Die sittliche Reife und vor allem die Erfahrung in der »Kunst der Dialektik«, die außer deduktivem Schließen und Begriffsunterscheiden vor allem intuitives Einsehen, Urteilskraft und Fähigkeit zur Selbstkorrektur beinhaltet, schreibt Platon allerdings im strengen Sinn nur wenigen zu, nach Ausbildung vor allem in den mathematischen Wissenschaften, und dies im Vollsinn erst im philosophischen Alter von fünfzig (*Staat*, 7. Buch, 540a–b). Aus demselben Grund sind auch nach Aristoteles junge Leute als Hörer seiner Ethikvorlesungen nicht geeignet. Ihnen fehle nicht nur die notwendige Erfahrung, sondern auch die Bereitschaft zur Orientierung im Denken. Denn das Ziel der Ethik ist nicht reine Erkenntnis, sondern Handeln. Allerdings macht Aristoteles die notwendigen Voraussetzungen für den Hörer seiner Ethikvorlesungen ausdrücklich nicht von dessen Alter abhängig und greift damit, wenn auch unausdrücklich, ein Argument des Sokrates aus dem *Lysis* auf: »Dabei ist es ganz gleichgültig, ob er an Jahren jung oder dem Charakter nach unfertig ist. Denn nicht an der Zahl der Jahre hängt das Ungenügen, sondern daran, daß die jungen Leute unter dem Einfluß der Leidenschaft leben und unter diesem Einfluß ihre jeweiligen Ziele verfolgen« (*Nikomachische Ethik* I 1,1095a; vgl. VI 9,1142a).

Drittens haben Lipmans Texte mit Platons Texten die Dialogform gemeinsam. Auch Lipmans Geschichten sind keine Erzählungen oder Abhandlungen, sondern Dialoge von konkreten Personen und ihren Überlegungen. Wie Platons Dialoge sind sie außerdem nach den jeweiligen Hauptpersonen benannt – allerdings fehlt ihnen als durchgehende Dialogperson ein Sokrates. Vielmehr bleiben die Kinder bei ihren Gesprächen und Überlegungen unter sich und beziehen nur gelegentlich ihre Lehrer oder Eltern mit ein.

Neben den Gemeinsamkeiten sind auch die Unterschiede zwischen den Dialogen von Lipman und Platon leicht zu sehen. Zunächst fehlt bei Lipman die zentrale

Figur eines Sokrates. Die Kinder übernehmen diese Rolle selber, auch die unterrichtenden Lehrer. Damit nimmt Lipman zwar das Selbst-Denken der Kinder (und Lehrer) sehr ernst, überläßt sie aber auch einer gewissen Hilflosigkeit. Allerdings ist zuzugeben, daß der Autor Lipman im Unterschied zu Platon eben nicht das Glück hatte, einfach einen Lehrer wie Sokrates zum Hauptunterredner seiner Dialoge machen zu können. Mit dem Fehlen eines Sokrates verbindet sich zweitens aber auch ein inhaltlicher Unterschied. Während es in den sokratischen Dialogen jeweils um ein einziges Thema, nämlich die tragenden Zielvorstellungen der Tapferkeit, Gerechtigkeit, Besonnenheit oder Frömmigkeit geht und um die Frage nach den »Ideen«, sind die mannigfaltigen Inhalte in jeder einzelnen Geschichte bei Lipman eher unzusammenhängende Anlässe für logische Übungen oder methodisches Denken. Mit Betonung der Methode gegenüber den verhandelten Inhalten kommt Lipman eher Leonard Nelsons Ansatz der »sokratischen Methode« als den sokratischen Dialogen Platons näher. Sowohl Nelson als auch die Fortführung seines sokratischen Ansatzes durch Heckmann sind Lipman bekannt (vgl. *Thinking* 2/2, 1980, S. 34–38; 8/2, 1988, S. 34–37), ohne daß allerdings diese Rezeptionslinien bisher in seinem Kreis trotz aller inhaltlichen Nähe ausdrücklich aufgenommen worden wären (vgl. Sherman, 1986; Portelli, 1989).

Drittens würde sich von der literarischen Qualität her natürlich auch Lipman selber nicht mit den schriftstellerischen Qualitäten eines Platon messen lassen wollen. Dagegen versucht etwa Nelson mit seiner »sokratischen Methode« gar nicht erst, selber Dialoge zu schreiben, sondern verzichtet ganz auf Textvorlagen. Wenn man von den konkreten Interessen und Fragen der Kinder ausgehen will, wie eigentlich Lipman auch, ist dies durchaus konsequent. Eine Alternative wäre, literarisch ansprechendere Geschichten zugrunde zu legen (vgl. Kähler/Nordhofen, Hrsg., 1994). Ein vierter Unterschied liegt schließlich darin, daß zwar auch Lipman in seinen Dialogen die beteiligten Kinder in einem Prozeß der Selbstprüfung darstellt, dabei aber nicht, wie in Platons Dialogen, auf eine praktische Lebensorientierung abzielt. Während etwa Nikias und Laches als bekannte Feldherren ihr eigenes Nichtwissen über die Tapferkeit eingestehen müssen, korrigieren etwa Harry oder Pixie zwar auch ständig ihre eigenen Auffassungen, aber nicht mit derselben Grundsätzlichkeit wie die Dialogpartner in Platons Dialogen. Im Unterschied zu den Erwachsenen können die Einsichten der Kinder noch nicht als Ergebnis langer Lebenserfahrung zur Diskussion stehen, ohne daß man daraus allerdings eine grundsätzliche Kritik mangelnder Lebenserfahrung von Kindern machen könnte. Ebensowenig sollten Kinder bis an die Wurzel ihrer existentiellen Grundeinstellungen künstlich erschüttert werden.

II

Außer durch Platon ist Lipman vor allem durch John Dewey (1859–1952) geprägt, den er, wie er mündlich berichtet, noch persönlich gekannt hat. Dewey hat als Philosoph und Pädagoge das amerikanische Erziehungswesen nachhaltig beeinflußt, vor allem durch sein Hauptwerk *Democracy and Education* (1916; dt. *Demokratie und Erziehung*, 1930). Nach Deweys pragmatischer Philosophie in der Tradition von Peirce und James ist Denken und Sprechen immer schon auf einen gemeinsamen Handlungszusammenhang bezogen. Der Begriff des Tisches etwa ist keine rein geistig erfaßbare Wesenheit, sondern bestimmt sich nach den konkreten Bedürfnissen und Erfahrungen von Menschen, die im gemeinsamen Handeln ihre Vorstellungen herausarbeiten und abzustimmen versuchen oder versuchen sollten. Unterricht ist daher als gemeinsamer Prozeß konkreter Problemlösung etwa durch die Projektmethode oder den Arbeitsunterricht zu gestalten. Das Konzept des Dialog-Handelns als Erziehung zum gemeinsamen Vernunftgebrauch läßt sich in seinen Grundzügen bereits in Deweys Buch *How we think* (1910; dt. *Wie wir denken*, 1951) erkennen, ein Buch, das ganze Lehrergenerationen in den USA geprägt hat. Dewey legt großen Wert darauf, daß gerade aus pragmatischen Gründen ein zu enger Pragmatismus vermieden werden muß: »Wirkungsvolles Handeln erfordert großzügiges und phantasiereiches Denken. Um die Schranken der Gewohnheit und Routine zu durchbrechen, muß zumindest genügend Interesse an geistiger Tätigkeit um ihrer selbst willen vorhanden sein. Nur wo dieses Interesse am Wissen selbst besteht und Freude am freien Spiel der Gedanken, kann das praktische Leben freier und fortschrittlicher gestaltet werden« (Dewey 1951, in: Martens, 1992a, S. 209). Gerade die Kindheit bietet nach Dewey die unwiederholbare Chance, befreit vom unmittelbaren Handlungsdruck, größeren Zusammenhängen des konkreten Lebens nachzugehen und so die Abstraktheit eines Konkretismus aufzuheben. Wenn man etwa über den Beruf des Zimmermanns spricht, sollen auch Geometrie und Mechanik behandelt werden; auch sollte die Arbeit des Zimmermanns im Zusammenhang mit dem sonstigen Handwerksbetrieb und in ihrer historischen Entwicklung verdeutlicht werden. Konkretes und abstraktes Denken gehen dabei Hand in Hand. Keine dieser beiden Denkformen hat der anderen gegenüber einen höheren Rang, aber »wer beide Arten des Denkens beherrscht, ist dem überlegen, dem nur eine zur Verfügung steht« (ebd., S. 213).

Auch das Dialog-Handeln in Lipmans Geschichten entsteht in konkreten Situationen und soll im Unterricht die Kinder anregen, ihre eigenen Fragen zu stellen, auf ihr Handeln zu beziehen und in größeren Zusammenhängen zu klären. Allerdings weist Dewey zu Recht darauf hin, daß der Lehrer »die großen individuellen Verschiedenheiten« seiner Schüler berücksichtigen müsse, die nur in einer Minderheit am rein abstrakten Denken interessiert seien: »Bei vielen (wahrscheinlich der Mehrzahl) bleibt die tätige Tendenz, die geistige Gewohnheit, die auf den Zweck und die Erreichung eines Zieles gerichtet ist, dominierend und nicht die Einstellung, die das Denken aus Freude am Denken betätigt. Ingenieure, Rechtsanwälte, Ärzte und Kaufleute sind viel zahlreicher als Gelehrte, Wissenschaftler und Philosophen« (ebd., S. 213). Man würde allerdings Dewey mißverstehen, als ob er die von ihm kritisierte traditionelle »akademische« und »humanistische« Erziehung nun durch eine rein auf das Praktische, Konkrete ausgerichtete Erziehung ersetzen wollte. Nicht die bloße Umkehr, sondern die Überwindung einseitiger Denkerziehung war

Deweys Ziel. Konkretes und abstraktes, praktisches und theoretisches Denken sollen in der gesamten Erziehung miteinander verbunden werden. Philosophieren nur für eine Elite von Kindern wäre nicht im Sinne seines Konzepts »Demokratie und Erziehung«. Auch Lipman versteht seine Schulreform durch frühzeitiges Philosophieren nicht als Zusatzangebot »für besonders Begabte« (Freese, 1989, S. 117–124), sondern als Versuch, eine allgemeine Sprachlosigkeit und Denkunfähigkeit zu überwinden, nicht zuletzt auch als *philosophy for students with learning disabilities* (Simon, 1979) im Sinne einer kompensatorischen Erziehung.

4
Begriffs-Bildung

A
Ein Tisch ist ein Tisch

Kinder zu befähigen, sich eigene Begriffe ihrer Wirklichkeit zu bilden und über das Bilden von Begriffen nachzudenken, hat sich beispielsweise die kanadische Lehrerin Judy Kyle für ihr Philosophieren mit Kindern im Sprachunterricht vorgenommen. Sie berichtet über ihre praktischen Erfahrungen und Überlegungen in ihrer (unveröffentlichten) Examensarbeit »Philosophy for Children« (1976), die sie als einen Beitrag zur »Philosophy of Education« versteht. In ihren einleitenden Bemerkungen grenzt sich Kyle erstens von Lipmans Ansatz eines Philosophierens mit Kindern auf der Basis der formalen (syllogistischen) und informellen (argumentativen) Logik ab. Nicht als Gegensatz, aber doch als wichtige Akzentverschiebung geht es ihr dagegen in erster Linie um Prozesse der Begriffs-Bildung. Dabei orientiert sie sich an John Wilsons Konzept des *Thinking with Concepts* (dt. *Begriffsanalyse*, 1984; vgl. Wilson, 1979; Miller, 1984), das seinerseits der Philosophie des späten Wittgenstein verpflichtet ist. Wie Lipman geht also auch Kyle von einem sehr weitgefaßten sprachanalytischen Ansatz aus.

Das Arbeiten an den Äußerungen der etwa acht- bis zwölfjährigen Kinder ordnet Kyle zweitens gemäß Piaget der konkret-operationalen Stufe zu. Während die kleineren Kinder auf der senso-motorischen Stufe beispielsweise mit greifbaren Würfeln hantieren und die älteren Kinder auf der abstrakt-operationalen Stufe unabhängig von Gegenständen mit Zahlen rechnen können, gehen die Kinder der mittleren Stufe mit Würfeln als Anzahlen um, indem sie diese abzählen, zu Mustern zusammenlegen oder sonstige Operationen mit ihnen ausführen. Genauso arbeiten auch die Kinder *mit* ihren konkreten sprachlichen Äußerungen und reden nicht abstrakt *über* Begriffe und logische Beziehungen, wie dies etwa in Lipmans *Harry Stottlemeiers Entdeckung* der Fall ist. Damit sind, wie Kyle drittens ihren Philosophiebegriff rechtfertigt, bereits die ersten Schritte im Philosophieren gemacht. Wie in der Mathematik bereits die ersten Schritte richtige Mathematik sind und keine bloße Vor-Mathematik, sind auch die ersten Schritte in der Philosophie bereits richtige Philosophie und keine bloße Vor-Philosophie oder Pro-Pädeutik der Philosophie. In diesem Punkt könnte sich Judy Kyle auch auf die sokratischen Frühdialoge berufen. Allerdings sind diese für Philosophen wie Hegel gerade noch keine richtige Philosophie im Vergleich zu den späteren Dialogen Platons.

Judy Kyles praktisches Vorgehen läßt sich gut an der Frage demonstrieren, warum beispielsweise ein Tisch ein Tisch ist. Diese Frage soll zunächst an Hand von Bichsels *Kindergeschichte – Ein Tisch ist ein Tisch* etwas genauer betrachtet und mit Hilfe von Überlegungen einiger Philosophen wie Platon, v. Weizsäcker, Russell und Nietzsche analysiert werden. Zugleich sind dies Texte, die man durchaus bereits mit Kindern zumindest auszugsweise lesen oder als Anregung für eigene Unterrichtsversuche heranziehen kann. Besonders animierend ist außerdem G. Matthews' Unterrichtsbeispiel »Wörter«, das von einem Kapitel in Swifts *Gullivers Reisen* ausgeht (Matthews, 1989).

Die *Kindergeschichte* von Peter Bichsel *Ein Tisch ist ein Tisch* handelt von einem alten Mann, dessen Leben recht eintönig verlief. »Das änderte sich nie«, auch nicht an einem besonders schönen Tag mit warmer Sonne und Vogelgezwitscher. »Aber im Zimmer war alles gleich, ein Tisch, zwei Stühle, ein Bett.« Darauf überkam den Mann »eine große Wut«: »›Immer derselbe Tisch‹, sagte der Mann, ›dieselben Stühle, das Bett, das Bild. Und dem Tisch sage ich Tisch, dem Bild sage ich Bild, das Bett heißt Bett, und den Stuhl nennt man Stuhl. Warum denn eigentlich?‹ Die Franzosen sagen dem Bett ›li‹, dem Tisch ›tabl‹, nennen das Bild ›tablo‹ und den Stuhl ›schäs‹, und sie verstehen sich. Und die Chinesen verstehen sich auch. ›Weshalb heißt das Bett nicht Bild‹, dachte der Mann und lächelte, dann lachte er, lachte, bis die Nachbarn an die Wand klopften und ›Ruhe‹ riefen. ›Jetzt ändert es sich‹, rief er und sagte von nun an dem Bett ›Bild‹. ›Ich bin müde, ich will ins Bild‹, sagte er, und morgens blieb er oft lange im Bett liegen und überlegte, wie er nun dem Stuhl sagen wolle, und er nannte den Stuhl ›Wecker‹. Er stand also auf, zog sich an, setzte sich auf den Wecker und stützte die Arme auf den Tisch. Aber der Tisch hieß jetzt nicht mehr Tisch, er hieß jetzt ›Teppich‹.« Schließlich hatte der Mann für alles »eine neue Sprache, die ihm ganz alleine gehörte«. Aber die anderen Menschen konnten ihn nicht verstehen und er sie nicht: »Und deshalb sagte er nichts mehr. Er schwieg, sprach nur noch mit sich selbst, grüßte nicht einmal mehr« (Bichsel, 1989, S. 18–25). Bichsels *Kinderge-*

schichte handelt von einem alten Mann, der recht »kindisch«, wie es scheint, in seiner eigenen Sprachwelt zu leben versucht und damit scheitert. Sprache ist eben (auch) ein soziales Kommunikationsmittel und keine Privatsache. Stimmt es aber wirklich, daß ein Tisch ein Tisch ist, wie der alte Mann schließlich die Überschrift zu seiner eigenen Geschichte resignativ zu akzeptieren schien? Können wir uns wirklich nicht aus den Konventionen oder Fesseln unserer Sprachwelt befreien und durch eine befreite Weltsicht befreiter leben? War die Hoffnung des alten Mannes »kindisch«? Kinder jedenfalls haben für den alten Mann mit seiner eigenen Sprache viel Verständnis. Wohl jedes Kind erfindet einmal seine eigene »Geheimsprache«, mit der es sich von den Erwachsenen oder von anderen Gruppen abgrenzt. Kinder erfahren die Welt der Sprache als ein Reich für sich, voller Phantasie und eigener Machtentfaltung.

Unabhängig von den psychologischen Stimmungen der Resignation des alten Mannes oder der lustvollen Machtentfaltung der Kinder aber bleibt die sprachphilosophische Frage nach dem Status von Begriffen zu beantworten. In Platons Dialog *Kratylos* wird eine Alternative diskutiert. Danach wäre ein Tisch ein Tisch entweder »von Natur« her, wie Kratylos meint, oder gemäß »Vertrag und Übereinkunft«, wie Hermogenes dagegenhält: »Denn mich dünkt, welchen Namen jemand einem Dinge beilegt, der ist auch der rechte, und wenn man wieder einen anderen an die Stelle setzt und jenen nicht mehr gebraucht, so ist der letzte nicht minder richtig als der zuerst beigelegte, wie wir unseren Knechten andere Namen geben. Denn kein Name irgendeines Dinges gehört ihm von Natur, sondern durch Anordnung und

Gewohnheit derer, welche die Wörter zur Gewohnheit machen und gebrauchen« (*Kratylos* 383a; 384d). Aus dieser Position des Hermogenes zieht Sokrates daraufhin dieselbe Konsequenz, wie der alte Mann in Bichsels Geschichte: »Wie nun, wenn ich irgendein Ding benenne, wie, was wir jetzt Mensch nennen, wenn ich das Pferd rufe, und was jetzt Pferd, Mensch: dann wird dasselbe Ding öffentlich und allgemein Mensch heißen, bei mir besonders aber Pferd, und das andere wiederum bei mir besonders Mensch, öffentlich aber Pferd? Meinst du es so?« (*Kratylos* 385a.) Hermogenes bekräftigt seine Position, indem er wie der alte Mann auf die unterschiedlichen Benennungen in den verschiedenen Sprachen hinweist: »Und so sehe ich auch, daß für dieselbe Sache bisweilen einzelne Städte ihr eigenes eingeführtes Wort haben und Hellenen ein anderes als andere Hellenen, und Hellenen auch wiederum andere als Barbaren« (*Kratylos* 385df.).

Auch Sokrates will dieses Faktum der Wortverschiedenheit nicht leugnen, sondern sucht gerade eine befriedigende Erklärung hierfür: Wie es bei der »Natur des Schneidens und Geschnittenwerdens« (*Kratylos* 387a), etwa von Geflügel, geglückte und verfehlte Handlungen gibt, kommt es auch bei den Benennungen auf den angemessenen Sach- und Handlungsbezug an. Die Bezeichnungen sind in der Tat eine Sache der »Vereinbarung«, nicht aber die damit verbundenen Sach- und Handlungsbezüge. Ähnlich muß auch Kratylos zugeben, daß Wortbenennungen auf der Referenzebene nicht »von Natur aus« richtig sind, etwa lautmalerische Worte oder Etymologien, sondern daß es auf den Begriffsinhalt ankommt.

Eine andere Frage wiederum wäre, ob Wörter oder Begriffe nicht doch – auf der Linie des Kratylos – ihre eigene, unverwechselbare Geschichte und Bildhaftigkeit haben, die nicht immer ohne Bedeutungsverlust aufgegeben werden können. So erinnert etwa Kant gleich zu Beginn seiner Abhandlung *Was heißt: sich im Denken orientieren?* an die bildliche Vorstellung, die in der Etymologie von »sich orientieren« (von lat. *oriri* »aufgehen«) steckt: »aus einer gegebenen Weltgegend [...] den Aufgang finden«, nämlich den »orientierenden« Aufgang der Sonne (A 304 ff.). »Sich orientieren« enthält daher ganz andere Bedeutungen, als beispielsweise »Richtung und Ziel finden«, und läßt sich nicht ohne Bedeutungsverlust übersetzen oder durch beliebige Wortfestlegungen ersetzen.

Bilder oder Metaphern sind jedoch häufig im normalen Sprachgebrauch nicht mehr ohne weiteres zu erkennen; sie sind »versteckte« oder »tote« Metaphern (vgl. Martens, 1991). Beim »Tisch« jedoch läßt sich keine versteckte oder tote Metaphorik feststellen. Ein »Tisch« kann, wie der alte Mann bei Bichsel meinte, ohne Bedeutungsverlust tatsächlich auch »Teppich« oder »tabl« heißen. Etwas anderes aber ist es, ob man mit neuen Benennungen auch neue Sichtweisen und neue Lebensweisen hervorrufen oder festlegen kann. So ist es ja keineswegs selbstverständlich, daß ein Tisch ein oder mehrere Beine und eine eigene Tischplatte haben muß. Gerade die Modedesigner und Möbelhersteller oder Maler und Dichter erweitern ständig die Gestaltungsmöglichkeiten eines Tisches sowie der uns umgebenden Wirklichkeit. Sie versuchen, neue Sicht- und Lebensweisen hervorzurufen; ob sie damit immer unsere Bedürfnisse und Zwecke erfüllen, ist eine andere Sache. Auf jeden Fall aber bezieht sich ihre Neudefinition etwa des Tisches auf unsere Wünsche, die wir beim Gebrauch eines Tisches haben. Hätte sich der alte Mann in Bichsels Geschichte klar gemacht, ob es ihm nicht um eine bloße Umbenennung der Dinge, sondern um eine neue Sicht- und Lebensweise geht, hätte er vielleicht mehr Erfolg gehabt, in seinem Leben etwas zu ändern. Und vielleicht hätte er für »Tisch« auch einen schöneren, bildhaften Ausdruck gesucht – als Spiel der Phantasie zusammen mit (anderen) Kindern?

Zwar kann man den Tisch auch Teppich nennen, nur darf man nicht erwarten, daß man mit ihm auch Zimmer auslegen kann, auch nicht, daß andere einen verstehen. Daß Begriffe pragmatisch oder »operativ« zu verstehen sind, verdeutlicht Carl Friedrich von Weizsäcker an einem Beispiel aus Vergils *Äneis*: »Ein Tisch, das wissen wir ganz genau, hat vier Beine und eine Fläche, oder auch nur drei Beine, er braucht aber auch nur ein Bein zu haben. Ich habe ihn also schon falsch beschrieben. Aber eine Fläche muß darauf sein – warum muß eigentlich eine Fläche darauf sein? Jetzt zeigt sich: Eigentlich definiere ich einen Tisch durch seinen Gebrauch und nicht durch seine Gestalt. Tisch ist zum Beispiel etwas, worauf man etwas legen kann. Dadurch ist definiert, daß er ein Tisch ist. Und ein Lebewesen, das nichts legt, kennt keine Tische. [...] In der Äneis von Vergil steht die Geschichte, daß dem Äneas und seinen Genossen prophezeit ist, sie würden erst dann auf ihrer langen Reise eine Heimat finden, wenn sie ihre Tische essen (III. Buch, Vers 250–257). Das war eine erschreckende Prophezeiung, bis es ihnen geschah, daß sie, in Latium gelandet,

Käse auf großen, runden Broten serviert bekamen, und sie aßen den Käse, und sie aßen auch noch die Brote auf, so hungrig waren sie. Da wußten sie, daß sie ihre Tische gegessen hatten (VII. Buch, Vers 107–129). Auch das Brot kann ein Tisch sein, wenn es benutzt wird, um Käse darauf zu legen. In diesem Sinne ist Tisch ein rein operativer Begriff, bezeichnet also etwas, womit man in einer bestimmten Weise umgehen kann« (v. Weizsäcker, 1968, S. 39f.).

Auch für Bertrand Russell ist der Tisch ein Paradebeispiel, um in die *Probleme der Philosophie* einzuführen. Das erste Kapitel »Erscheinung und Wirklichkeit« beginnt Russell mit der Frage: »Gibt es auf dieser Welt eine Erkenntnis, die so unumstößlich gewiß ist, daß kein vernünftiger Mensch daran zweifeln kann?« Anders als der alte Mann in Bichsels Geschichte oder als die Trojaner um Äneas bei Vergil hat Russell kein praktisches, sondern ein theoretisches Interesse am Tisch-Beispiel: »Um uns die auftauchenden Schwierigkeiten deutlich zu machen, wollen wir unsere Aufmerksamkeit auf den Tisch richten. Dem Auge erscheint er viereckig, braun und glänzend, dem Tastsinn glatt und kühl und hart; wenn ich auf ihn klopfe, klingt es nach Holz. Jedermann, der den Tisch sieht, befühlt und beklopft, wird meiner Beschreibung zustimmen, so daß es auf den ersten Blick aussieht, als ob es gar keine Schwierigkeiten gäbe. Sie fangen erst an, wenn wir genauer zu sein versuchen: Obwohl ich glaube, daß der Tisch ›in Wirklichkeit‹ überall die gleiche Farbe hat, sehen die Stellen, die das Licht reflektieren, viel heller aus als die übrigen, einige Stellen erscheinen infolge des reflektierten Lichts sogar weiß« (Russell, 1967, S. 10). Russell sieht in dieser Entdeckung der verschiedenen Farben, die man ähnlich auch für die Oberfläche, Gestalt und Härte des Tisches machen kann, den philosophischen Unterschied von »Erscheinung« und »Wirklichkeit« angelegt. Während der Maler sich für die »Erscheinung« interessiere, komme es dem Handwerker und erst recht dem Philosophen auf die »Wirklichkeit« an. Eine ähnliche Unterscheidung wie Russell macht Platon zu Beginn von Buch 10 des *Staates* am Beispiel der Liege (*kline*) und sieht – in einem »operativen« Sinne – den Gebrauchenden als den eigentlich Wissenden an, der »sich auf etwas versteht« (griech. *episteme*).

Der alte Mann in Bichsels Geschichte hatte lediglich die Namensschildchen umgetauscht, seine Wirklichkeit aber und die der anderen nicht neu gesehen und auch keinen neuen Gebrauch dieser eingefahrenen Wirklichkeit versucht. Der alte Mann hat nicht wie Russell seinen Tisch neu und aufmerksam angesehen: »Unser gewohnter Tisch, der uns bisher kaum Anlaß zum Nachdenken gegeben hat, ist zu einem Problem geworden, in dem viele Überraschungen verborgen sein können. Wir wissen nur eines von ihm: daß er nicht so ist, wie er erscheint« (Russell, 1967, S. 17). Die Geschichte »hat traurig angefangen und hört traurig auf« (Bichsel, 1989, S. 25). Die Hoffnung des alten Mannes aber, daß sich durch eine neue Sprachwelt endlich etwas ändern würde, ist trotzdem nicht von der Hand zu weisen. Vielmehr fordert die Geschichte dazu auf, die Wirklichkeit nicht einfach hinzunehmen oder bloß beliebig zu ändern, sondern neu zu sehen und einen neuen Gebrauch von ihr zu machen. Sie ist eine »Kindergeschichte«, insofern sie die »Kinderfrage« nahelegt: »Warum ist ein Tisch ein

Tisch?« Wir selber sind es, die die Begriffe bilden und gegen das von Nietzsche festgestellte »Herrenrecht, Namen zu geben«, opponieren können: »Das Herrenrecht, Namen zu geben, geht so weit, daß man sich erlauben sollte, den Ursprung der Sprache selbst als Machtäußerung der Herrschenden zu fassen: sie sagen ›das *ist* das und das‹, sie siegeln jegliches Ding und Geschehen mit einem Laute ab und nehmen es dadurch gleichsam in Besitz« (Nietzsche, 1988, S. 249). Begriffs-Bildung als Befreiung von der »Gewalt ›fixer Ideen‹ und Kopfarbeit« (ebd., S. 250) hatte auch Sokrates in Platons Frühdialogen vorgeführt, etwa im »Erzieherdialog« *Laches* oder in dem »Kinderdialog« *Lysis*.

In ihrem unterrichtspraktischen Beispiel geht Judy Kyle allerdings nicht von Texten und begrifflichen Übungen aus. Vielmehr läßt sie die Kinder zuerst einen Tisch zeichnen. Wenn die Kinder ihre Zeichnungen vergleichen, merken sie, daß es offensichtlich recht unterschiedliche Tische gibt: Tische mit drei und vier Beinen, lange, runde und viereckige Tische, hohe und niedrige, braune, rote und weiße, Tische aus Holz und aus Glas, vielleicht auch wacklige Kisten und ein moderner Tisch als durchsichtiger Plexiglasklotz. Man kann sich die heftigen Diskussionen vorstellen, ob die wacklige Kiste oder der Plexiglasklotz eigentlich richtige Tische sind, und was zu einem richtigen Tisch gehört. (Man kann sich auch, mit Russell, einen ganz normalen Tisch in der Schulklasse genauer ansehen und auf die Unterscheidung von »Schein« und »Wirklichkeit« zu sprechen kommen.) Die Verwirrung wird noch größer, wenn die Kinder (zweitens) verschiedene Wörter für »Tisch« zusammentragen, englische, spanische, türkische oder französische. Vielleicht kann man auch Peter Bichsels Geschichte »Ein Tisch ist ein Tisch« vorlesen, wenigstens die vergleichbare Passage über die verschiedenen Sprachen. Bald, so drittens, finden die Kinder heraus, daß sich die verschiedenen Namen auf denselben Tisch beziehen, daß jedesmal eben ein Tisch gemeint ist. Damit kommt die Diskussion aber wieder auf den Ausgangspunkt zurück, wie man den »richtigen« Tisch definieren kann.

Statt nun aber endlose und abstrakte Streitereien über die richtige Definition anzuzetteln (auch beispielsweise von Weizsäckers operative Definition »ein Tisch ist etwas, worauf man etwas legen kann«, erfüllt sicher nicht alle praktischen oder ästhetischen Bedürfnisse von Tischbenutzern), wendet Judy Kyle im Anschluß an Wilsons *Begriffsanalyse*, viertens, verschiedene Techniken an, mit deren Hilfe man einen strittigen Begriff klären kann. Zunächst kann man unstrittige Paradebeispiele von Tischen anführen, etwa die Tische in der Schulklasse. Danach kann man sich an Grenzfällen, etwa der wackligen Kiste, klarmachen, was man »zur Not« noch als Tisch durchgehen lassen könnte. Zusätzlich können sich die Kinder an Gegenbeispielen, etwa an einer Kugel oder einem großen Butterstück, überlegen, was unbedingt zu einem Tisch gehört. Dabei ist der Phantasie der Kinder keine Grenze gesetzt, die scheinbar unmöglichsten Tische zu erfinden und zu zeichnen, etwa zehn Meter hohe Stahlgerüste, einen Wolkenkratzer, Ozeanwellen oder den Mond. Mit diesen Techniken praktizieren die Kinder »das Herrenrecht, Namen zu geben« (Nietzsche) und können unterschiedliche Sicht- und Verwendungsweisen kennenlernen und gegeneinander abwägen.

Judy Kyle hat mit den Kindern auch eine praktische Übung zum Wittgensteinschen »Sprachspiel« gemacht. Die Kinder haben erfahren, daß die Definition des Tisches oder anderer Begriffe je nach den unterschiedlichen Bedürfnissen und Gegebenheiten der Benutzer verschieden ist. Was für den einen auf keinen Fall als Tisch in Frage kommt, ist für den anderen gerade der richtige oder passende Tisch; für uns ist ein Tisch so groß wie ein Wolkenkratzer sicher nicht brauchbar, wohl aber für einen Riesen. Offensichtlich gibt es in jeder Gesellschaft Festlegungen und Regeln, wie man bestimmte Begriffe verwenden soll. Während für die meisten Erwachsenen eine wacklige Kiste kein Tisch ist, wäre umgekehrt ein wuchtiger Eichentisch für das Zimmer von Zehnjährigen kaum vorstellbar. Außerdem hat sich im Laufe der Zeit das Aussehen und der Gebrauch von Tischen gewandelt, wie man in Museen oder anhand von Bildern zeigen kann. Zum Sprachspiel gehört ferner, daß dabei unterschiedliche Formen von Zeichen verwendet werden können. Außer mit Wörtern aus verschiedenen Sprachen lassen sich Tische auch mit Hilfe von Zeichnungen, Rollenspiel, Gestik und Mimik darstellen.

Ähnlich wie Judy Kyle hat auch Berrie Heesen »Sprachspiele« mit Kindern praktiziert, und zwar mit Kindern im Vorschulalter in einem öffentlichen, nicht reformpädagogischen Kindergarten in Amsterdam (Heesen, 1989b). Eine der Stunden hat das Thema: »Was macht einen Stuhl so ungewöhnlich wie möglich?« Die Kinder werden zunächst aufgefordert, die Augen zu schließen und zu versuchen, einen Stuhl zu sehen. Anschließend erzählen sie, was sie gesehen haben. Alle sind sich beim Stuhl einig: »Man kann sich darauf setzen« (wie der Tisch, auf den man etwas legen kann); ob ein Stuhl allerdings immer vier Beine oder gar eine Lehne haben muß, ist bei den Kindern umstritten. Welche neuen Arten von Stühlen es geben kann, sehen sich dann die Kinder in einem Buch an: *ALCHIMIA never ending Italian Design* (Kazuka Sato, Japan, 1985). Eine Designergruppe hatte recht ungewöhnliche Stühle entworfen, die den Kindern meistens kaum Probleme bereiteten, sondern höchstens bei ihnen Erstaunen hervorriefen: »Was für ein verrückter Stuhl ist das!«

Daß die Kinder in ihrer Vorstellung von »Stuhl« noch sehr offen waren (und keine »fixen Ideen« im von Nietzsche kritisierten Sinne hatten), zeigte auch eine zweite Übung, die Berrie Heesen mit ihnen machte. Er bat die Kinder erneut, die Augen zu schließen und sich wieder einen Stuhl vorzustellen: »Versuche jetzt einmal einen Stuhl zu sehen, der möglichst ungewöhnlich ist. So ungewöhnlich, wie es nur sein kann, aber so, daß andere gerade noch erkennen können, daß es sich um einen Stuhl handelt.« Als die 22 Kinder anschließend ihre Stühle auf Papier malen, unterhält sich Berrie Heesen reihum mit jedem von ihnen über seine Vorstellungen. Die vierjährige Bo etwa erzählt ihm, wie ihr Stuhl aussieht: »Der hat eine Lehne bis zur Decke, an den Füßen sind Körbchen, unter den Füßen hat er Räder, und zum Schluß hat die Unterseite Haare (der Stuhl hat einen Bart, sagt sie).« In den Gesprächen mit den Kindern betont Heesen vor allem zwei Fragen: »Wie ungewöhnlich findest du deinen Stuhl? Kann ein anderer noch sehen, daß es ein Stuhl ist?« Als Antwort faßt er zusammen: »Ob ein möglichst ungewöhnlicher Stuhl trotzdem ein

Stuhl ist, darüber kann man nicht selber entscheiden. Das wird vor allem von anderen festgestellt. [...] Auch wenn dein Stuhl nicht mehr als Stuhl wiedererkannt wird, hast du ihn gemacht. Für dich ist er ein Stuhl, und sei das auch Unsinn. Das Anrennen gegen die Grenze von dem, was andere einen Stuhl nennen, deutet auf etwas hin.« Was ein Stuhl ist, kann man zwar nicht selber entscheiden, man kann aber vorgegebene Grenzen zu verändern versuchen. »Ist das nun Philosophie? Ich bin der Meinung, daß in der Untersuchung, was ein Stuhl ist, schon erworbene Erfahrungen mit dem Wort ›Stuhl‹ benutzt werden. Ich versuche besonders das zu beleben, was schon da ist. Und Wittgensteins Philosophie? Man könnte sagen, daß wir Familienähnlichkeiten untersucht haben« (Heesen, 1989b, S. 101).

B
Beleben, was schon da ist

Die Formel »beleben, was schon da ist« drückt recht genau das Konzept der Begriffs-Bildung aus. »Beleben« des Denkens heißt Selbstbewegung anstelle von Fremdbewegung: »fixe Ideen« aufbrechen, erweitern und in neue Bahnen lenken, das eigene Denken überprüfen und bereichern. »Was da ist«, auch bei Kindern, ist der Gebrauch von Begriffen und ihren Inhalten sowie ihre Verknüpfung untereinander. »Beleben, was da ist« hieße dann, starre, verengte Begriffsbahnen in Bewegung setzen und eigene Vorstellungen entwickeln helfen. Im Gegensatz zu einem Eintrichtern der »richtigen« Begriffe, womöglich im Namen der Philosophie, wird in der Begriffs-Bildung der Versuch unternommen, den Blick auf das vorhandene Wissen und Können der Kinder zu lenken und ein neues, reflektiertes Wissen und Können zu bilden. Dabei ist das Ziel nicht die Ablösung eines Dogmatismus durch einen Relativismus, sondern die Übung im Umgang mit unterschiedlichen und veränderlichen Begriffen. Im Unterschied zum Konzept des Dialog-Handelns bei Lipman geht es hierbei nicht um eine stufenweise Entwicklung logischer und argumentativer Fähigkeiten, sondern um jeweils neue Übungen mit unterschiedlichen »Sprachspielen«; diese können ihrerseits in einem lockeren Netz von Familienähnlichkeiten stehen, erfordern aber keine festen Lehrgänge wie z. B. bei Lipman.

Ein erstes Ziel der Begriffs-Bildung ist daher, daß die Kinder erfahren, Begriffe nicht als starre Marken von den Erwachsenen zu übernehmen und Menschen, Dingen oder Ereignissen anzuheften oder gegen andere Namensschildchen einfach auszutauschen. Normalerweise hören die Kinder lediglich, daß etwas so und so bezeichnet wird oder »ist«, ohne zu wissen, wie es zu diesen Bezeichnungen kam und daß sie auch selber Subjekte von Begriffs-Bildungen sein können. Wir können in neuen Situationen Begriffe neu gebrauchen und auch neue Begriffe einführen, wenn die alten Sichtweisen nicht mehr unseren Erfahrungen und Absichten entsprechen. Den Kindern wird dadurch zunehmend bewußt, daß Begriffe in einem bestimmten Handlungszusammenhang konkreter Personen verwendet werden und nicht unabhängig davon existieren. Ein weiteres Ziel wäre, daß der Balanceakt zwischen sozial anerkannten Verwendungsregeln und immer wieder neuen Grenzüberschreitungen durch den Einzelnen oder einzelne Gruppen stets aufs neue versucht wird, ohne den Extremen von Dogmatismus und Relativismus zu verfallen. Ein wichtiges Korrektiv neuer Begriffs-Bildungen ist außer dem wechselseitigen, freien Prozeß der Anerkennung die Prüfung an der Realität; zehn Meter hohe Ozeanwellen beispielsweise eignen sich einfach nicht als Tisch, auch beim besten Willen oder den extremsten Wünschen nicht. Schwieriger wird die Realitätsprobe allerdings bei abstrakten Werten wie »Gerechtigkeit«, weil diese weit mehr von der sozialen Anerkennung als von greifbaren Erfolgskriterien abhängen.

Den Zielformulierungen des Konzepts der Begriffs-Bildung liegt eine Vorstellung von Erkenntnis als zunehmende Differenzierung von Erfahrungen und Sichtweisen zugrunde, im Gegensatz zu einer Vorstellung von Erkenntnis als linear fortschreitende Annäherung an eine vorgegebene Wirklichkeit (Olsen, 1978). Im ersten Fall kann bereits das Denken von Kindern als eigenständige Leistung gewürdigt werden; im zweiten Fall dagegen würde das kindliche, unfertige Denken gegenüber dem fertigen Denken der Erwachsenen abgewertet. Nach der Annäherungs-These haben die konkreten Vorstellungen und Erfahrungen noch wenig Erkenntniswert, sondern erst die Erfahrungen, die verallgemeinerungsfähig und schließlich wissenschaftlich überprüfbar sind. Ähnlich wäre auch Philosophie nicht das konkrete Denken, sondern erst die allgemeine Reflexion und Theorie dieses Denkens. Nach der Differenzierungs-These dagegen ist Erkenntnis so zu verstehen, daß wir für uns nach unterschiedlichen Zwecken und Bedürfnissen die Wirklichkeit unterschiedlich strukturieren und verändern. Zwar sind immer differenziertere Hinsichten auf die Wirklichkeit möglich, aber keine von ihnen kann als die richtige oder bessere gelten; dies trifft auch auf die Form der Erschließung von Wirklichkeit zu, etwa auf die abstrakte Wissenschaft gegenüber der konkreten Erfahrung.

Nach der Differenzierungs-These kann auch ein fünfjähriges Kind bereits eine vollwertige Erkenntnis haben, wie Olsen an einem Beispiel erläutert. Wenn ein fünfjähriges Kind seine Schnürsenkel binden kann, »versteht es sich auf etwas«; es hat ein senso-motorisches Können, gewisse Fingerfertigkeiten und ein praktisches Wissen davon, was als »richtiges« oder »schönes« Zubinden gilt. Es hat teil an einer »Lebensform«, in der bestimmte Praktiken und Vorstellungen soziale Geltung haben. Zwar ist sein Können und Wissen diffuser und weniger differenziert als das der meisten Erwachsenen, aber es ist dennoch ein vollwertiges Erkennen von Wirklichkeit. Im Unterschied zum frühen Piaget, der den »Egozentrismus« der Vier- bis Siebenjährigen betont, wonach sie noch nicht den Standpunkt des anderen einnehmen können, hat nach Olsen vor allem Wygotsky in seinem Buch *Denken und Sprechen* den sozialen und kommunikativen Charakter bereits der ersten kindlichen Sprecherfahrungen klarer als Piaget erkannt (vgl. Brüning, 1985).

Mit seiner Differenzierungs-These befindet sich Olsen auch in Übereinstimmung mit Margaret Donaldson, die in ihrem Buch *Wie Kinder denken* ebenfalls die Egozentrismus-These Piagets und die einseitige Betonung des abstrakten Wissens in unserem Schulsystem kritisiert (Donaldson, 1982, S. 98ff.). Vielmehr besitze das Kind »am Anfang seiner Schulzeit bereits beträchtliche Denkfähigkeit«, aber eben nicht die in unserem Bildungssystem verlangte Denkfähigkeit, die von konkreten, erlebnisreichen Situationen abgelöst ist. Daher sieht Donaldson eine der wichtigsten Aufgaben der schulischen Denkerziehung, etwa beim Lesenlernen, darin, den Kindern den Übergang zwischen dem konkreten und abstrakten Denken zu erleichtern, etwa indem man an die Erfahrungswelt der Kinder anknüpft oder zu Rückfragen aus dem Vorverständnis der Kinder ermuntert (S. 107 ff.).

Die von Wilson vorgeschlagene *Begriffsanalyse*, die Judy Kyle mit acht- bis zehnjährigen Kindern praktiziert, vermeidet ähnlich die Schwierigkeiten eines abrupten Übergangs dadurch, daß sie das Begriffslernen an die konkreten Verwendungs- und Entstehungssituationen zurückbindet. Für diese Rückbindung wählt auch Wilson das Beispiel des Tisches (Wilson, 1984, S. 55 ff.). Ein Kind unterscheide etwa große Gegenstände mit einer glatten Oberfläche von anderen Gegenständen und fasse sie in der Gruppe »Tisch« zusammen. Allerdings merke es entweder selber, daß sein Begriff zu weit ist, insofern etwa auf Konzertflügeln normalerweise kein Essen serviert wird, oder aber es lerne von den Erwachsenen durch Hinzeigen, daß sie den Konzertflügel nicht Tisch nennen. Auch die Begriffsklärung mit Hilfe anderer Wörter statt durch Hinzeigen sei auf konkrete Verwendungsweisen bezogen, insofern die Erwachsenen den Kindern erklären: »Tische sind das, woran du ißt« (S. 56).

Wilson verbindet mit seiner Begriffsanalyse einen Aufklärungsanspruch: »Wir lassen es zu, daß Wörter unser Denken lenken, anstatt dies selbst bewußt und kritisch zu tun. Ebenso wie die Psychoanalyse uns von der uns unbekannten Beherrschung durch unsere eigenen Emotionen und Gefühle befreien will, so lehrt uns die Begriffsanalyse, Tücken der Sprache zu vermeiden, die nur deshalb gefährlich sind, weil wir uns ihrer nicht bewußt sind« (S. 42). Allerdings kann man die Tücken eines in Wilsons Begriffsanalyse anklingenden »sokratischen Intellektualismus«, der Aufklärung durch Wissen mit praktischer Veränderung gleichsetzt, ebenfalls nicht übersehen.

Eine derartige Gleichsetzung hatte bereits Aristoteles der sokratischen Begriffsanalyse vorgeworfen: »Sokrates nun, der ehrwürdige, meinte, das Ziel sei die Erkenntnis der Tugend, und er pflegte zu fragen: was ist das Wesen der Gerechtigkeit und das Wesen der Tapferkeit, das heißt eines jeden Teiles der Tugend. Und diese Fragen waren ja wohlbegründet, denn er meinte, alle Tugenden seien theoretisches Wissen, so daß es gleichzeitig dazu komme, daß man die Gerechtigkeit weiß und gerecht ist« (*Eudemische Ethik* I 5; vgl. *Nikomachische Ethik* II 2; III 11). Bei der Ethik handele es sich aber um ein praktisches Wissen, das im Unterschied zum theoretischen Wissen wie Astronomie und Mathematik auf Praxis ziele: »denn wir wollen nicht wissen, was Tapferkeit ist, sondern wollen tapfer sein«. In der Tat sagt Sokrates etwa im Dialog *Laches*: »Erst wollen wir fragen, was Tapferkeit ist, und dann, wie man zu ihr gelangt« (190d 8). Zur Überwindung eines blinden Handelns fordert Sokrates zunächst eine Analyse der handlungsleitenden Begriffe. Diese Begriffsanalyse selbst ist insofern bereits ein Teil der aufgeklärten Praxis, als sie von den Teilnehmern mit Hilfe der sokratischen Hebammenkunst selber aktiv durchgeführt wird. Der Vorwurf des

»sokratischen Intellektualismus« trifft daher weder Sokrates noch Wilson, weil sie Begriffsanalyse nicht von außen als formelhaftes Definitionswissen vorgeben und den selbstbewußten, kritischen Umgang mit Begriffen nicht als hinreichende, sondern als notwendige Bedingung für ein konkretes Handeln praktizieren. Die Frage, wie man konkret etwa zur Tapferkeit gelangt, muß dann selbstverständlich hinzukommen, auch die Frage nach den dazu notwendigen Charakteranlagen (vgl. *Menon* 70a).

Die Begriffsanalyse versucht ferner außer dem »sokratischen Intellektualismus« auch die Tücken der »Begriffshypostasierung« zu vermeiden, nach der Begriffe wie greifbare Gegenstände behandelt werden. In seinem Artikel »Wittgenstein and Philosophy for Children« fragt etwa Barry Curtis, ob nicht das Philosophieren mit Kindern bei ihnen erst eine »philosophische Krankheit« hervorrufe, statt sie davon zu heilen (Curtis, 1985). Unter »philosophischer Krankheit« versteht Curtis in Anlehnung an den späten Wittgenstein die unzulässige Ausweitung unseres Sprachgebrauchs. Wir fragen etwa im normalen Sprachgebrauch, »was« ein Tisch ist, »wo« er sich befindet und »wann« er in einem bestimmten Raum steht. Wir kommen dagegen in endlose Schwierigkeiten, wenn wir etwa fragen: »Was ist das Bewußtsein?«, »Wo ist die Zeit?« – oder: »Wann ist jetzt?« In diesem Fall legen wir abstrakte Begriffe als konkrete Gegenstände zugrunde oder »hypostasieren« sie. Durch eine schlechte philosophische Erziehung werden Kinder, wie Curtis befürchtet, zu der Annahme verleitet, daß es für alles feste Ausdrücke gibt, mit denen man wie mit kleinen Namensschildchen umgehen kann.

Eine derartige Tendenz sieht Curtis auch in einigen

Was-ist-Fragen in den Lehrerhandbüchern zu Lipmans philosophischen Geschichten für die Kinder (Curtis, 1985, S. 14f.). Eine Heilung von der »philosophischen Krankheit« empfiehlt Curtis in der Wiedererinnerung an die konkreten, unterschiedlichen Verwendungs- und Lernsituationen »fixer« Begriffe. Curtis gibt allerdings zu, daß Lipmans Lehrerhandbücher bei genauerem Hinsehen eine derartige Heilung ebenfalls beabsichtigen, indem sie Übungen vorschlagen, bei denen die Kinder zum Brainstorming unterschiedlicher Begriffsverwendungen aufgefordert werden oder dazu, den normalen mit dem »philosophischen« oder reflektierten Sprachgebrauch zu vergleichen, z. B.: »Kann man Gedanken beiseite legen wie eine Tasche?« Während aber Curtis mit Hilfe des späten Wittgenstein lediglich auf die Gefahr der großen Worte in den Was-ist-Fragen beim Philosophieren mit Kindern aufmerksam machen will, hat das Konzept der Begriffs-Bildung als ausdrückliches Ziel, Begriffsfixierungen der Kinder aufzulösen.

C
Sprachspiele, Gewißheit und Zweifel bei Wittgenstein

Ludwig Wittgenstein selber hat offensichtlich nie mit Kindern philosophiert, auch nicht in seiner Zeit als Volksschullehrer (so auch Curtis, 1985, S. 1). Dennoch hat seine eigene Philosophie durch seine Lehrerzeit offensichtlich wichtige Impulse erhalten, wie auch umgekehrt von seiner Philosophie das Philosophieren mit Kindern im Konzept der Begriffs-Bildung beeinflußt wurde. Beides gilt jedenfalls für den späten Wittgenstein. Während sich der frühe Wittgenstein des *Tractatus logico-philosophicus* (1921) an den Exaktheitsansprüchen der Logik und Mathematik orientierte, vertrat der späte Wittgenstein der *Philosophischen Untersuchungen* (1953) eine umgangssprachliche Position. Diese geht vom Gebrauch der Sprache in unterschiedlichen Situationen aus, für die die logisch-mathematische Sprache nur *ein* Fall ist. Legt man Wittgensteins Gebrauchstheorie der Sprache zugrunde, verfügen im Prinzip bereits Kinder über eine philosophiefähige Sprachpraxis: als faktischer Gebrauch von offenen Sprachspielen, auch des Sprachspiels »Zweifel« an vermeintlichen Gewißheiten. Dagegen müßte nach seiner früheren Position die ungenaue Sprache der Kinder erst stufenweise in eine exakte Sprache als Vorbedingung für eine angemessene Philosophie transformiert werden.

Im konkreten Gebrauch der Sprache gibt es weder einen festen Wesenskern noch feste Grenzen der Begriffe: »Wie ist denn der Begriff des Spiels abgeschlossen? Was ist noch ein Spiel und was ist keines mehr? Kannst du die Grenzen angeben? Nein. Du kannst welche ziehen: denn es sind noch keine gezogen« (*Philosophische Untersuchungen*, § 68). Auch bei »Tisch« oder »Stuhl« sind bei genauerem Hinsehen keine festen Grenzen vorgegeben. Daher konnten die Kinder in den geschilderten Beispielen versuchen, selber Grenzen zu ziehen. Dennoch wird den Kindern ständig von ihrem sozialen Umfeld eingeredet, daß feste Grenzen gezogen seien, die sie nicht überschreiten dürften: »Ein Tisch ist ein Tisch«. Offensichtlich sitzen uns, Erwachsenen wie Kindern, fixe Ideen »gleichsam als Brille auf unserer Nase«

(§ 103). Gegen die Unterstellung fester Ideen oder Begriffseinteilungen will Wittgenstein »die tatsächliche Sprache betrachten« (§ 107): »Die Philosophie ist ein Kampf gegen die Verhexung unseres Verstandes durch die Mittel unserer Sprache« (§ 109).

Obwohl aber Philosophie über keine Idealsprache als Norm verfügt (»Sie läßt alles, wie es ist«, § 124), enthält sie dennoch korrigierende, sprachtherapeutische Möglichkeiten. Wer beispielsweise davon überzeugt ist, erkannt zu haben, was »der« Tisch oder »die« Gerechtigkeit ist, kann sich in eine verengte Praxis verrennen oder eine Definitions-Herrschaft beanspruchen. Wer aber seine einengende »Brille« abnimmt oder durch eine passendere ersetzt, kann auch angemessener sehen und handeln. Wittgensteins Beharren auf dem Faktum der Vielheit des Sprachgebrauchs enthält die Aufforderung, die subjektive Borniertheit von Erkenntnisansprüchen zugunsten ihrer wechselseitigen, nie abschließbaren Überprüfung aufzugeben. Das Ergebnis ist keineswegs eine bloß negative Aporie, sondern das wechselseitige Verstehen der unterschiedlichen Gesichtspunkte sowie das jeweils neue Abwägen mittels Begriffsanalyse und Urteilskraft. Begriffs-Bildung mit Kindern hätte somit durchaus eine konstruktive, ethische Zielsetzung.

Offensichtlich hat Wittgenstein für seine Abwendung von der idealsprachlichen Position und seine Hinwendung zur tatsächlichen Sprachpraxis entscheidende Impulse aus seiner Lehrerpraxis erhalten. Wittgenstein selber hat in seinem eigenen Leben unterschiedliche »Lebensformen« und »Sprachspiele« erfahren. Er wurde 1889 als Sohn eines wohlhabenden österreichischen Industriellen geboren; nach seinem Ingenieursstudium und seinem Philosophiestudium vor allem bei Russell, Whitehead und Moore nahm er von 1914 bis 1918 als Freiwilliger im österreichischen Heer am Krieg teil, nachdem er sein ganzes Erbe verschenkt hatte; nach dem Krieg machte er eine Ausbildung als Volksschullehrer in Wien und unterrichtete von 1920 bis 1926 an mehreren Dorfschulen in Niederösterreich; nach Aufgabe des Schuldienstes war er mit dem »Wiener Kreis« um Schlick verbunden und betätigte sich in Wien als Architekt für ein Haus seiner Schwester; 1929 kehrte er nach Cambridge zurück; dort trat er 1939, als Fünfzigjähriger, die Nachfolge von Moore an; seine Professur gab er nach mehrjähriger Tätigkeit als medizinischer Helfer während des Krieges schließlich 1947 auf und starb 1951 in Cambridge an Krebs.

Der Volksschullehrer Ludwig Wittgenstein ist im gleichnamigen Buch von Konrad Wünsche durch viele Dokumente und Briefe in seiner pädagogischen Tätigkeit recht deutlich greifbar (Wünsche, 1985). Danach war Wittgenstein weder ein »Schulreformer« noch ein »Prügelpädagoge« (S. 23). Er legte überdurchschnittlichen Wert auf den Mathematikunterricht und bereitete durch Nachhilfestunden mehrere Schüler auf das Gymnasium vor; er unternahm viele Exkursionen, besonders zu Burgen oder nach Wien, und half ärmeren Schülern mit Schulbüchern und Kleidung. Durchgehend wird Wittgenstein zwar als strenger Lehrer geschildert, der von seinen Schülern viel verlangte und sie bisweilen anschrie oder sogar schlug. Deshalb mußte er schließlich auch den Schuldienst quittieren. Andererseits aber mußte Wittgenstein im Umgang mit den Schülern auf deren konkrete Lernschwierigkeiten und Fragen eingehen und somit allmählich darauf stoßen, daß eben Begriffe in unterschiedlichen Zusammenhängen unterschiedlich gebraucht werden. Seine oft geschilderte Ungeduld mit den Kindern läßt sich als Ausdruck dafür verstehen, wie schwer es ihm fiel, seine eigene Gewöhnung als Ingenieur und Logiker an die mathematisch-logische Idealsprache allmählich dahin abzuändern, die tatsächliche Sprache zu respektieren, wie sie beispielsweise seine Schüler sprachen.

Ein Dokument dieser Umgewöhnung ist Wittgensteins *Wörterbuch für Volksschulen*, das 1926 erschien und neben dem *Tractatus* die zweite größere Veröffentlichung Wittgensteins zu seinen Lebzeiten war. Wie Wittgenstein in seinem Geleitwort erklärt, wollte er mit diesem Wörterbuch erreichen, »daß der Schüler seinen Aufsatz selbständig verbessert. Er soll sich als alleiniger Verfasser seiner Arbeit fühlen und auch allein für sie verantwortlich sein« (Wittgenstein, 1977, S. XXV). Für die Auswahl der Wörter nennt Wittgenstein fünf Gesichtspunkte: »1.) In das Wörterbuch sollen nur solche, aber alle solche Wörter aufgenommen werden, die österreichischen Volksschülern geläufig sind. Also auch viele gute deutsche Wörter nicht, die in Österreich ungebräuchlich sind; z. B. abgefeimt, äffen, bosseln, erklecklich, etz. etz. [. . .] 2.) Kein Wort ist zu einfach um aufgenommen zu werden – denn ich habe erlebt, das ›wo‹ mit Dehnungs-h und ›was‹ mit ss geschrieben wurde. 3.) Zusammensetzungen sind aufzunehmen, wo sie entweder vom Kinde schwer als solche erkannt werden oder wo das Nachschlagen der Stammwörter leicht zu Fehlern führt. 4.) Fremdwörter sind aufzunehmen, wenn sie allgemein gebräuchlich sind. Ihre Verdeutschung ist zu geben, wo sie nicht zu umständlich oder unverständlicher ist, als das Fremdwort. 5.) Ausdrücke der Mundart sind nur soweit aufzunehmen, als sie in die gebildete Sprache Eingang gefunden haben, wie zum Bsp. Heferl, Packel, Lacke, u. a.« (S. XXVIII).

Wittgenstein selber hat den Wert seines *Wörterbuchs* offensichtlich überschätzt; denn weder war es so einzigartig, wie er dachte, noch fand es eine nennenswerte Verbreitung. Auch wurde es weder zusammen mit seinen Schülern noch auf wissenschaftlicher Basis von Wortschatzuntersuchungen erarbeitet, sondern von Wittgenstein allein intuitiv zusammengestellt. Außerdem kann man berechtigte Kritik an der Auswahl im einzelnen üben (Wünsche, 1985, S. 92ff.; vgl. Brose, 1985). Dennoch zeigt das *Wörterbuch*, welche didaktischen Erfahrungen Wittgenstein zur Umorientierung von der Ideal- zur Gebrauchssprache motiviert haben: »Was sich an der Rechtschreibung zeigen kann, ist dies, daß sich an ihren Rändern die Lautzeichen ordnen und auf den Mund der Leute verweisen, die sie gebrauchen« (Wünsche, 1985, S. 110). Nach den vorliegenden Berichten und Dokumenten hat Wittgenstein allerdings in seinem Unterricht entgegen damals stark verbreiteten reformpädagogischen Tendenzen (vgl. Bartley III, 1969; Acergove, 1984) weder induktiv-exemplarische noch sokratisch-entwikkelnde Verfahren angewendet, sondern den Schülern sein Wissen deduktiv und monologisch beigebracht (Wünsche, 1985, S. 230). Meinert A. Meyer zieht daraus den Schluß, Wittgenstein habe »die Abbildtheorie des ›Tractatus‹ abbilddidaktisch in den Unterricht projiziert«, habe aber dann aus der (unterrichtspraktischen) Erkenntnis, »daß die Abbildtheorie des ›Tractatus‹ nicht stimmt, sein sprachphilosophisches Spätwerk aufgebaut« (Meyer, 1987, S. 70f.).

Allerdings müssen die Kinder nach Wittgenstein zwar nicht in die »idealen«, »fixen«, aber doch in die konventionellen Sprachspiele eingeführt werden, ehe sie selber die Grenzen zu ziehen versuchen. »Wenn ich will, daß die Tür sich drehe, müssen die Angeln feststehen« (Wittgenstein, *Über Gewißheit*, § 343). Die Notwendigkeit grundlegender Gewißheiten besteht nach Wittgenstein generell, insbesondere aber für Kinder: »Wenn das Kind die Sprache lernt, lernt es zugleich, was zu untersuchen und was nicht zu untersuchen ist. Wenn es lernt, daß im Zimmer ein Schrank ist, so lehrt man es nicht zweifeln, ob, was es später sieht, noch immer ein Schrank oder nur eine Art Kulisse ist« (§ 472). »Wie man beim Schreiben eine bestimmte Grundform lernt und diese später dann variiert, so lernt man zuerst die Beständigkeit der Dinge als Norm, die dann Änderungen unterliegt« (§ 473). Insgesamt vertritt Wittgenstein eine didaktische Stufentheorie von Gewißheit und Zweifel: »Das Kind lernt, indem es dem Erwachsenen glaubt. Der Zweifel kommt nach dem Glauben« (§ 160); »Der Schüler glaubt seinen Lehrern und den Schulbüchern« (§ 263).

Die behauptete strenge Sequenz von Glauben und Zweifel mag in einigen Fällen faktisch zutreffen, besonders in autoritären oder geschlossenen Gesellschaften; unterschiedlich mag sie sogar notwendig sein, etwa beim Lernen von Rechtschreibregeln, Mathematik, Benimmregeln oder anderen Konventionen, ganz abgesehen von einem kindlichen Urvertrauen oder der notwendigen Verläßlichkeit bestimmter Regelungen auch für Erwachsene. Dennoch werden bereits kleinere Kinder mit »Variationen« der jeweiligen Sprachspiele konfrontiert, zumal in einer offenen, zunehmend multikulturellen Gesellschaft. Auch haben die Kinder einfach Lust dazu, ihre eigenen Sprach- und Denkmöglichkeiten auszuprobieren und vorgegebene Grenzen der Autorität zu überschreiten.

Viel konsequenter, wie man eigentlich vom Wittgenstein der *Philosophischen Untersuchungen* erwarten könnte, betont dagegen Adorno in der *Negativen Dialektik* das Sprachspiel des Zweifels an Gewißheiten auch und gerade bei Kindern: »Woran es laboriert, ist eher sein Verhältnis zu den Worten, die es mit einer im späteren Alter kaum mehr vorstellbaren Anstrengung sich zueignet, denn die Welt, die ihm als eine von Aktionsobjekten in den frühen Phasen einigermaßen vertraut ist« (Adorno, 1966, S. 115). Daher treffe auch nicht das Stufenmodell der »Fundamentalontologie« von kindlicher Frage nach dem »Sein«, späterer »Reflexion« und schließlich »Reflexion der Reflexion« als Rückkehr zur Unmittelbarkeit zu; auch die kindliche »Naivität ist unnaiv«, sprachlich vermittelt (S. 114f.). In der Frage an die Mutter etwa, »warum die Bank Bank heißt«, werde in einem »Fetischismus« allerdings von den Kindern oft Sprach- und Sachwissen gleichgesetzt: »wissen, was das Wort Bank bedeutet, und was eine Bank wirklich sei« (S. 114f.). Natürlich läßt sich in dieser Frage auch die Magie des Wortes als Machtmittel nicht übersehen – »Wie schön, daß niemand weiß, daß ich Rumpelstilzchen heiß!«

5
Sich-Wundern

A
Wie können wir sicher sein, daß nicht alles nur ein Traum ist?

Im Vorwort zu seinem Buch *Denkproben. Philosophische Ideen jüngerer Kinder* (*Philosophy and the Young Child*) schreibt Gareth B. Matthews, wie er selber begonnen hat, sich für das philosophische Denken bereits von kleineren Kindern zu interessieren. Bei seinen Pflicht-Einführungskursen an der Universität stellte er fest, daß viele Studenten das Philosophieren nicht als ganz natürliche Tätigkeit ansehen konnten, sondern sich nur recht mühsam dazu motivieren ließen. Durch seine Erfahrungen im Umgang mit Kindern entwickelte er allmählich die Vorstellung, daß seine Aufgabe als Philosophieprofessor darin bestehen könnte, seine Studenten in den Einführungskursen »zurückeinzuführen (*reintroduce*)« in eine Tätigkeit, die ihnen einmal Spaß gemacht hat und ganz natürlich vorgekommen ist, die man ihnen aber später abgewöhnt habe (Matthews, 1991, S. 13). In seinem Buch führt Matthews seine erwachsenen Leser an Hand vieler Beispiele ebenfalls wieder »zurück« in ihr Philosophieren als Kinder ein, indem er sie an unterdessen vergessene oder verdrängte Fragen wiedererinnert. Seine eigenen Gesprächspartner sind dabei vor allem seine Kinder und Kinder aus der Nachbarschaft.

In seinem zweiten Buch dagegen, *Philosophische Gespräche mit Kindern* (1989) berichtet Matthews von seinen Erfahrungen in einer Schulklasse, mit der er beispielsweise über die Identität des alten Schiffes philosophiert hatte (s. S. 39ff.). Matthews erhebt keineswegs den Anspruch, etwas ganz Besonderes und Einmaliges zu berichten, sondern möchte auf Erfahrungen aufmerksam machen, die jeder so oder ähnlich im Umgang mit Kindern gemacht hat oder machen könnte. Vor allem aber möchte er zeigen, daß bei genauerer Betrachtung in den Äußerungen bereits kleinerer Kinder etwas vom philosophischen Sich-Wundern stecken kann, das die Erwachsenen oder die professionellen Philosophen mit ihren eigenen Fragestellungen oder fachphilosophischen Lösungen meistens als bloß »kindisch« abwerten.

»›Papa, wie können wir sicher sein, daß alles nicht nur ein Traum ist?‹ fragte Tim (ungefähr sechs), zugleich emsig damit beschäftigt, einen Topf auszulecken« (S. 1). Mit diesem Beispiel beginnt Matthews sein erstes Buch (1991) und führt damit seine Leser in eines der zentralen philosophischen Probleme »zurück« ein. Tim stellt sich und seinem Vater eine Frage, die zwar von seiner persönlichen Situation ausgeht, aber einen allgemeinen Charakter hat. Wenn wir nicht zwischen Traum und Wirklichkeit unterscheiden können, kann Tim nicht sicher sein, daß er nicht aus seinem schönen Traum, einen Topf auszulecken, plötzlich in die rauhe Wirklichkeit zurückgerufen wird. Vielleicht müßte er dann sein Müsli essen, das seine Mutter zwar als gesund anpreist, das ihm selber aber scheußlich schmeckt. Genauer aber fragt sich Tim nicht nur, wie wir jeweils zwischen Traum und Wirklichkeit unterscheiden können, sondern ob das ganze Leben nicht nur ein Traum ist, egal ob ein schöner Traum oder ein Alptraum. Beides sind Fragen, die sich nicht nur Philosophen stellen, sondern vermutlich fast jeder Mensch.

Für Matthews beginnt die Philosophie mit Rätseln (*puzzlement*), Sich-Wundern (Aristoteles), Fragen (Russell) oder mit dem Eingeständnis »Ich kenne mich nicht aus« (Wittgenstein, *Philosophische Untersuchungen*, § 123). Bevor Matthews auf Tims Frage nach Traum und Wirklichkeit näher eingeht, bringt er noch einige weitere Kostproben philosophischer »Kinderfragen«. Ohne Karl Jaspers dabei zu zitieren, stimmt er offensichtlich in diesem Punkt mit ihm überein: »Wer sammeln würde, könnte eine reiche Kinderphilosophie berichten« (Jaspers, 1953, S. 12). Vom fünfjährigen Jordan etwa erzählt Matthews, dieser habe, als er wie gewohnt um acht Uhr zu Bett ging, gefragt: »Wenn ich um acht ins Bett gehe und um sieben morgens aufstehe, wie kann ich dann feststellen, ob der kleine Zeiger der Uhr tatsächlich einmal rundum gelaufen ist? Muß ich die ganze Nacht wachbleiben und die Uhr beobachten? Und wenn ich nur einen kurzen Moment weggucke, vielleicht dreht sich der kleine Zeiger dann zweimal« (S. 17). Für Matthews steckt in dieser Frage das Problem der Induktion, wie wir von einigen beobachteten Zuständen oder Handlungen auf alle, auch nicht beobachtete schließen können. Vielleicht denke Jordan bei seiner Frage an einen Freund aus dem Kindergarten, der hinter dem Rükken der Kindergärtnerin Fratzen schneidet, während sie ihn für einen braven Jungen hält. Hier läge ein offensichtlicher Fall unzulässiger Induktion vor, wollte die Kindergärtnerin vom beobachteten sonstigen braven Verhalten des Jungen auf dessen angeblich sichere Bravheit hinter ihrem Rücken schließen. Vielleicht ist ja, so interpretiert Matthews Jordans Frage, jede Induktion so unzulässig wie in diesem Fall: »Vielleicht liegt diesem Induktionsschluß eine genauso naive Annahme zugrunde wie die, daß das Verhalten von Jordan und seinem Freund unter den wachsamen Augen der Lehrerin zuverlässige Rückschlüsse auf ihr Verhalten erlaubt, wenn diese das Klassenzimmer verläßt oder wegschaut« (S. 18).

Allerdings ergibt sich bei Matthews' Sammlung von »Kinderphilosophie«, wie sie auch Jaspers vorschwebte, ein doppeltes Problem. Zum einen ist die philosophische Frage als Inhalt, zum anderen das philosophische Fragen als Absicht nicht eindeutig. Beispielsweise könnte man in Jordans Frage inhaltlich statt des Induktionsproblems etwa auch Berkeleys Solipsismus *esse est percipi* sehen oder den Satz des Protagoras: »Der Mensch ist das Maß aller Dinge, der seienden, daß/wie sie sind, und der nicht-seienden, daß/wie sie nicht sind.« Das Problem, daß vielleicht alles nur dann und so ist, wie wir es jeweils selber wahrnehmen, liegt im Erfahrungsfeld der kleinen Kinder durchaus nahe, wenn sie nach Art des Vogel Strauß die Hand vor die Augen halten und rufen: »Mutti, such mich mal!« Aber zusätzlich zum Inhalt ist auch die Absicht von Jordans Äußerung keineswegs klar. Dabei geht es nicht darum, ob er ein »philosophisches Problembewußtsein« gehabt habe, sondern nur darum, ob er überhaupt ein theoretisches Interesse mit seiner Äußerung verbunden hat.

Den sowieso in sich interpretationsbedürftigen Inhalt derselben Äußerung kann man nämlich als unterschiedlichen Sprechakt verstehen. »Morgen komme ich« etwa kann eine Information, eine Drohung oder ein Versprechen sein. Wir wissen daher einfach nicht, ob Jordan vielleicht Angst hatte einzuschlafen, weil er in der Zwischenzeit – neugierig, wie er war – etwas Wichtiges versäumen könnte. Auch kann seine Frage Ausdruck dafür sein, daß er nicht mehr blind darauf vertraute, was ihm seine Eltern oder die Erwachsenen erzählten; schließlich wußte er ja nur von ihnen, daß sich der Uhrzeiger in der Nacht einmal herumdreht. Jordan wäre dann ein ganz normales sechsjähriges Kind, das sich von seinen Eltern auch im Denken abzulösen beginnt und alles selber prüfen möchte. Vielleicht hatte er sogar Angst, daß am nächsten Morgen seine Mutter oder sein Vater nicht mehr da wären, weil er spürte, daß zwischen ihnen etwas nicht stimmt oder daß er ihnen sogar lästig war. Wegen dieser grundsätzlichen Interpretationsprobleme des Inhalts und des Sprechakts sollte man daher lieber lediglich von Kinderäußerungen sprechen, in denen ein philosophisches Problem (für uns) steckt, nicht aber von einer »Kinderphilosophie« (an sich).

Andererseits kann man auch nicht von vornherein ausschließen, daß beispielsweise Jordan tatsächlich eine inhaltliche Antwort auf seine Frage erwartet und nicht nur irgendwelche Ängste oder einen automatischen »hohlen« Zweifel geäußert hat, wie Wittgenstein mit seiner didaktischen Stufentheorie von Gewißheit und Zweifel unterstellen würde (*Über Gewißheit*, § 312). In einer etwas abgewandelten Fassung diskutiert Wittgenstein in *Über Gewißheit* – wohl in Erinnerung an seine eigene Zeit als Volksschullehrer – Jordans Frage innerhalb einer fingierten Lehr-Lernsituation: »Denk dir, der Schüler fragte wirklich: ›Und ist ein Tisch auch da, wenn ich mich umdrehe; und auch, wenn ihn niemand sieht?‹ Soll da der Lehrer ihn beruhigen und sagen ›Freilich ist er da!‹« (§ 314) Nach Wittgenstein hat es in der gegebenen Situation keinen Sinn, den Glauben an die Existenz des Tisches anzuzweifeln: »Mein Leben zeigt, daß ich weiß oder sicher bin, daß dort ein Sessel steht, eine Tür ist usf. Ich sage meinem Freunde z. B. ›Nimm den Sessel dort‹, ›Mach die Tür zu‹, etc. etc.« (§ 7). Wittgenstein spricht sicher vielen von den lästigen Warum-Fragen der Kinder genervten Lehrern und Eltern aus dem Herzen, wenn er empfiehlt: »Vielleicht wird der Lehrer ein bißchen ungeduldig werden, sich aber denken, der Schüler werde sich solche Fragen schon abgewöhnen« (§ 314). Wie es zwar zugegebenerweise ein bloß »hohles« oder automatisches Warum-Fragen der Kinder gibt, kann sicher auch das Sich-Wundern eine bloße Attitüde von Kindern sein; man kann dies aber nicht vorweg unterstellen. Erst wenn man Jordan und seine Situation besser kennt und mit ihm ins Gespräch kommt, kann man etwas sicherer sehen, ob sein Zweifel Neugier, Ablösung, Angst, philosophisches Sich-Wundern oder bloße Attitüde ist. Matthews jedenfalls wertet Tims Zweifel, ob die Welt nicht nur ein Traum sei, nicht als bloß hohl, sondern greift seine Frage als ernsthaftes philosophisches Problem auf. Damit ist für ihn jedoch nicht gesagt, daß Philosophie »unvermeidlich etwas schrecklich Ernstes« sein muß, sondern es kann auch ein »Begriffs-Spiel« sein (*conceptual play*; S. 26). So kam etwa eine seiner Studentinnen auf die Idee, sich die Stellen einer Geschichte zu notieren, an denen die sechsjährigen Kinder ihrer Gruppe lachten. Als die Kinder etwa darüber lachten, daß der Großvater in Milnes *Winnie-der-Bär* zwei Namen hatte, falls er einen Namen vergäße, fragte die Studentin die Kinder, ob sie auch zwei Namen hätten und ob vielleicht aus demselben Grund, wie der Großvater. Alle waren überzeugt, daß man seinen Namen nicht verlieren könne. Allerdings gab Adam zu bedenken, daß man ihn vergessen und auf diese Weise verlieren könnte. Die Antwort, daß man dann immer noch die anderen fragen könnte, leuchtete ihm nicht ein, denn die anderen könnten den Namen ja ebenfalls vergessen. Die Kinder hatten Spaß daran, über diese Fragen nachzudenken, auch wenn sie schließlich mit Adams Zweifel nicht weiterkamen.

Nach einigen weiteren Beispielen von »Begriffs-Spielen« kommt Matthews schließlich in dem Kapitel über »Denken« (*reasoning*) auf Tims Frage zurück, wobei er offenläßt, ob nicht auch Tims Denken ein Spiel und ein Vergnügen sein kann. Auf Tims Frage: »Papa, wie können wir sicher sein, daß alles nicht nur ein Traum ist?«, antwortete der Vater etwas verdutzt »er wisse es nicht, und fragte Tim, was er darüber denke. Nach einer Weile, die mit Topfschlecken ausgefüllt war, antwortete Tim: ›Nun ja, ich glaube nicht, daß alles ein Traum ist, weil Menschen in einem Traum nicht herumgehen würden mit der Frage, ob es ein Traum wäre‹« (S. 39).

Tims Antwort liegt nach Matthews ein Denken zugrunde, das sich als Syllogismus mit Prämisse, Mittelsatz und Schlußfolgerung rekonstruieren lasse: »(1) Wenn alles ein Traum wäre, würden Menschen nicht umhergehen mit der Frage, ob alles nur ein Traum sei. (2) Menschen gehen mit der Frage umher, ob alles ein Traum sei. Deshalb: (3) Nicht alles ist ein Traum.« (S. 41). Die Schlußfolgerung ist über den Mittelsatz von der Prämisse korrekt abgeleitet. Allerdings sei die Prämisse nicht einleuchtend. Denn auch im Traum könne man sich fragen, ob man träumt (und daß man sich in den Arm kneift). Allerdings hält Matthews die Lösung von Descartes in den *Meditationen*, daß wir zumindest durch unsere Zweifelsakte ein evidentes Kriterium dafür haben, daß nicht alles nur ein Traum oder eine Illusion ist, ebenfalls nicht für befriedigend. Auf jeden Fall habe Tim mit seiner Frage ein klassisches Problem der Philosophie berührt (vgl. auch Nagel, 1990, Kap. 2). Wenn er dabei eine kritisierbare Antwort gegeben hat, befindet er sich ebenfalls in bester philosophischer Gesellschaft.

Man könnte bei der Frage des sechsjährigen Tim »Papa, wie können wir sicher sein, daß alles nicht nur ein Traum ist?« auch an die Gefesselten in Platons Höhlengleichnis denken. Sie halten die Schatten an der Höhlenwand für die Wirklichkeit, bis sie sich von ihren Fesseln befreien, ans Tageslicht treten und die Wirklichkeit erfahren (*Staat*, 7. Buch). Vom subjektiven Erleben her mögen zwar Träume oft der Wirklichkeit vorzuziehen oder sogar erlebte Wirklichkeit sein. Sie können aber auch für unser Wohlbefinden wertlose oder schädliche Illusionen einer »Traumindustrie« oder einer wirklichkeitsfremden Erziehung sein. »Kinder brauchen Märchen« (Bettelheim), aber sie müssen auch Märchen, Illusionen und Wirklichkeit voneinander unterscheiden lernen, um sich aus dem Gefängnis ihrer Scheinwelt zu befreien. Für die Gefangenen in Platons Höhle jedenfalls beginnt die Loslösung von den Fesseln, mit denen ihr Kopf an das Schattenspiel an der Höhlenwand fixiert ist, oder die Unterscheidung zwischen Schein und Sein damit, daß sie plötzlich merken, daß sich ihr eigenes Fingerspiel an der Höhlenwand als Schatten abzeichnet.

Sie selber erzeugen den Schein, den sie nicht von ihrem eigenen Sein hatten unterscheiden können. Damit haben sie sich bereits ansatzweise von ihren Fesseln gelöst. Die befreiten Gefangenen erkennen weiter, daß »derselbe« Zeigefinger zugleich »größer« als der Daumen und »kleiner« als der Mittelfinger ist und daß es sich somit um »drei« und um »verschiedene« Finger handelt (*Staat*, 7. Buch, 523a – 525b). Die Befreiung gelingt erst dann, wenn wir bis drei zählen können oder den Gebrauch unserer Begriffe verstehen. Das reflektierte Sich-Wundern über Schein und Sein und der Prozeß der Begriffs-Bildung wäre somit eine praktische Antwort auf Tims Frage, wie wir Traum und Wirklichkeit voneinander unterscheiden können.

Was es bedeutet, »drei« zu verstehen, erläutert etwa C. F. v. Weizsäcker durch ein Beispiel: »Ich meine, wer bis drei zählen kann, der kann schon eine ganze Menge. Aber wer wissen kann, daß er bis drei zählt, der hat ja eine nächste Stufe erreicht. Und ich weiß noch sehr gut, wie es mich gewundert hat, aber da war ich auch schon älter, was denn eigentlich drei ist. Was ist denn drei? Da stehen drei Gläser, aus denen dürfen wir trinken. Aber das ist ja nicht die Drei. Und was ist es denn? Ich habe einen Sohn, der ist Mathematiker geworden, und der hat, als er fünf Jahre alt war, meiner Frau gesagt: Du, Mami, ein Halb, das gibt es nicht. Und dann sagte sie: Wieso, wenn du ein Stück Kuchen hast, kannst du es doch teilen, dann hast du doch ein halbes Stück Kuchen. – Ja, Kuchen, den kann man schon teilen, aber weißt du, die Zahlen, die Luftzahlen, die kann man nicht teilen. – Und mit dem Wort Luftzahl zeigt er, daß er verstanden hat, was Zahlen sind« (v. Weizsäcker, 1988, S. 5).

Zweifellos hat der Fünfjährige den Unterschied zwischen »konkreten« Anzahlen und »abstrakten« Zahlen intuitiv erfaßt. Können aber Vögel bis drei zählen? In einem finnischen Naturschutzgebiet amüsierte ich mich bei einer Reise über folgende Erläuterung auf einer Tafel: »Die Vögel, die in diese Nester ihre Eier legten, wurden zum weiteren Eierlegen auf die Art angeregt, daß, wenn sie drei Eier gelegt hatten, ein Ei weggenommen wurde. Die Vögel legten immer wieder ein Ei dazu und dieses Spiel hatte manchmal einen ganzen Monat lang Erfolg.« Offensichtlich funktionierte der Eierdiebstahl nur, weil die Vögel bis drei zählen konnten und deshalb immer wieder ein Ei nachlegten. Oder kamen sie nur ihrem angeborenen Instinkt nach, ein Dreier-Bild von Eiern in ihrem Nest zu schaffen? Können also Vögel bis drei zählen?

B
Anfänge erproben

Wenn Matthews oder andere Philosophen das philosophische Sich-Wundern der Kinder betonen, heben sie häufig zugleich hervor, daß in den Kindern etwas von unseren eigenen Anfängen sichtbar werde, von einer ursprünglichen, authentischen Genialität, Naivität, Ahnung, Offenheit oder Phantasie. Sich mit Kindern über philosophische Probleme zu wundern, so könnte man diese Auffassung auf eine Formel bringen, bedeute »Anfänge erproben«. Die Formel faßt recht unterschiedliche Phänomene, Erfahrungen und Auffassungen von philosophischem »Anfang« und »Sich-Wundern« zusammen. An die Praxis des »Sich-Wunderns« sind daher folgende

Rückfragen zu stellen: (I) was bedeutet »Anfang« der Philosophie und (II) was »Sich-Wundern« beim »Philosophieren mit Kindern«? Erst dann kann man (III) die Ziele, Methoden und Materialien des dritten Hauptwegs »Sich-Wundern« genauer einschätzen.

I

Vom »Anfang« der Philosophie kann man in mehrfacher Hinsicht reden (nach Hinske, 1986):

(1) historisch als »Kindheit der Philosophie«, etwa bei den Griechen;

(2) systematisch als Frage nach der *arche*, dem Ursprung oder den Prinzipien allen Seins und Wissens;

(3) didaktisch als erste Berührung mit philosophischen Fragen oder mit der Philosophie als eigenem Fach;

(4) biographisch als Ausgang von konkreten Zeit- und Lebensumständen;

(5) anthropologisch entweder als Betroffenheit durch allgemeinmenschliche Grund- oder Grenzerfahrungen (so Hinske) oder als »Geburtlichkeit« des Menschen im Gegensatz zu seiner »Sterblichkeit« (so Sloterdijk, 1988, S. 143).

Hinzu käme (6) der emphatische »Anfang« als ursprüngliche Weisheit.

Alle sechs (ergänzungsfähigen) Unterscheidungen sind jedoch in sich und wechselseitig klärungsbedürftig. Offensichtlich kann man nicht alle sechs Unterscheidungen zugleich ohne Widersprüche vertreten. Vor allem stellt sich als gemeinsame Frage an die Redeweise vom

»Anfang«, ob Philosophie ein universelles, überzeitliches Phänomen ist, so daß man von einem »natürlichen« oder sogar »authentischen« Philosophieren der Kinder reden könnte, oder ob Philosophie (bloß) ein kulturelles Phänomen ist, das sich auch bei Kindern erst in einer bestimmten Umgebung herausbildet.

Beim kulturellen (historischen, didaktischen, biographischen) Anfang wäre weiterhin zwischen einer europäischen und (mindestens) einer indisch-chinesischen Philosophie zu unterscheiden. Beide Varianten (die auch in Mischformen vorkommen) würden zu einem unterschiedlichen Philosophieren mit Kindern führen, entweder zu einem stark begrifflich-argumentativen oder zu einem eher meditativ-religiösen Philosophieren. Außerdem wäre beim kulturellen Anfang zwischen dem Modell eines linearen Fortschritts, eines ständigen Neubeginns oder eines offenen Bildungsprozesses zu unterscheiden. Beim linearen Fortschritt stünden, zusätzlich gestützt auf eine szientistisch orientierte Entwicklungspsychologie, Vorsokratiker wie Kinder auf derselben »primitiven« Stufe, in Parallelität von Phylo- und Ontogenese. Beim Modell des ständigen Neubeginns dagegen könnten und müßten sich die Kinder als Welt-Neulinge entweder eine völlig neue Weltsicht aufbauen oder ihren je eigenen Weg zu den ewigen philosophischen Weisheiten finden und würden schließlich aus einer ursprünglichen, natürlichen Weisheit heraus jeweils neu eine »Kinderphilosophie« in die entfremdete Welt bringen (offensichtlich sind insbesondere die Varianten 5 und 6 dabei äußerst unklar). Nach dem hier vertretenen Modell des offenen Bildungsprozesses schließlich sind die Kinder in eine bestimmte Kultur hineingeboren, die von unterschiedlichen Erfahrungen und Einsichten geprägt ist, die sie – nach universalistischen Vernunftkriterien – übernehmen, prüfen und weiterentwickeln.

II

Genausowenig aber, wie der »Anfang«, ist auch das »Sich-Wundern« (oder Staunen, Zweifel, Konfusion, Fragen, Aporie, Neugier, Offenheit, Phantasie etc.) ein in sich klarer Begriff. Als Erklärung oder Klärung des Begriffs- oder Phänomenfeldes bieten sich verschiedene Möglichkeiten an:

(1) Systematisch als Paradigmenabfolge der Philosophie (vgl. Schnädelbach, 1991, S. 27): Im »ontologischen« Paradigma (Platon) »staunt« der Philosoph über das Sein des Seienden mit der Frage »Was ist?«; im »mentalistischen« Paradigma (Descartes) »zweifelt« er an den Vorstellungen des Bewußtseins mit der Frage »Was kann ich wissen?«; im »linguistischen« Paradigma (Wittgenstein) gerät er in Konfusion über sprachliche Äußerungen und fragt »Was kann ich verstehen?«

(2) Biologisch-verhaltenstheoretisch ist das Neugierverhalten oder der Erlebnishunger der Kinder überlebensnotwendig als Lernen auf Vorrat, um für den unvorhersehbaren Notfall über möglichst viele Auswege zu verfügen, wie Konrad Lorenz etwa an der Wanderratte demonstriert (vgl. Martens, 1973). Aber Lorenz' Wanderratte philosophiert nicht schon deshalb, weil sie ein überlebensnotwendiges Neugierverhalten praktiziert. Hinzu kommen müßten noch zwei weitere Schritte. Im Unterschied zum tierischen, rein instinktiven Neugier-

verhalten kann der Mensch die unmittelbare Abfolge von Reiz und Reaktion unterbrechen, indem er mittels der ihm zur Verfügung stehenden (evolutionär herausgebildeten und kulturell spezifizierten) Begriffsschemata Probehandlungen im Denken vollzieht und sich auf noch nicht präsente Handlungen einstellt (vgl. Cassirer, 1990, S. 47ff.). Eine spezielle, kulturell seit den Griechen ausgebildete Form des Neugierverhaltens wäre dann die philosophische Reflexion, die die konventionellen Begriffsschemata noch einmal in kritischer Distanz prüft, als Denken über das Denken.

(3) Historisch-gesellschaftlich ist das Sich-Wundern oder Frageverhalten eine Umgangsform mit individuellen und gesellschaftlichen Situationen, in der selbstverständliche Orientierungen ihre Geltung verlieren, wie beim historischen Anfang der sokratisch-platonischen Philosophie oder in der Orientierungskrise der wissenschaftlich-technisch orientierten Gesellschaft.

(4) In anthropologischer Hinsicht ist das Sich-Wundern als Betroffenheit das Stellen von existentiellen Grundfragen (Sinn des Lebens, Glück, Identität, Gerechtigkeit usw.), besonders in Grenzerfahrungen.

(5) Hermeneutisch gesehen ist das Sich-Wundern die Einsicht, daß ohne Fragen kein Suchen von Antworten erfolgt, etwa als Aporie der sokratischen Dialoge bei Platon.

(6) Schließlich hat das Sich-Wundern neben der kognitiven auch eine affektive Komponente. Philosophisches Sich-Wundern kann die Erfahrung überwältigender, schöner oder beängstigender Beziehungen, Situationen und Dinge in der Welt bedeuten, aber auch Freude an Begriffs-Spielen und Denk-Rätseln.

Aus den Unterscheidungen ergeben sich einige Konsequenzen:

(1') Den drei Paradigmen des philosophischen Sich-Wunderns lassen sich die drei bisher untersuchten Hauptwege grob zuordnen: dem linguistischen Paradigma folgt offensichtlich das »Dialog-Handeln« und die »Begriffs-Bildung«, während das »Sich-Wundern« am ehesten dem ontologischen Paradigma entspricht; das mentalistische Paradigma dagegen scheint dabei am wenigsten wirksam zu sein. Allerdings lassen sich weder die drei Paradigmen eindeutig als lineare Fortschrittsabfolge lesen noch ist die Zuordnung der drei Durchgänge zu den Paradigmen wirklich trennscharf. Zunächst bedeutet das in der gegenwärtigen Philosophie favorisierte linguistische Paradigma höchstens insofern einen Fortschritt, als sich Philosophie ihrer sprachlichen Bedingungen deutlicher bewußt ist. Insofern wir uns aber mit unseren sprachlichen Äußerungen und mit unserem Bewußtsein auf die Welt beziehen, stehen die drei Paradigmen in einem Vermittlungszusammenhang. Weniger vielleicht bei Bloch oder Jaspers, aber auf jeden Fall bei Lipman und Matthews ist die Verschränkung der Paradigmen unverkennbar. Einerseits präsentiert Matthews seine Beispiele für das philosophische Sich-Wundern der Kinder als Fähigkeit, »über interessante und wichtige Fragen analytisch zu reflektieren« (Matthews, 1989, S. 22). Andrerseits legt auch Lipman bei seinem begrifflich-argumentativen Ansatz großen Wert auf das Sich-Wundern, etwa im Handbuch *Wondering at the World* zu *Kio und Gus*: »Wenn dieser Kurs irgendein Ziel hat, ist es die Förderung des Schülerinteresses an der Beziehung zwischen dem ›Sich-Wundern‹ und dem Verstehen.

Eine Welt ohne Wunder wäre ziemlich langweilig, wie wir auch in einer Welt, die wir überhaupt nicht verstünden, total hilflos wären« (Einleitung).

Die Konsequenzen aus den übrigen Unterscheidungen des Sich-Wunderns decken sich zum Teil mit denen des Anfangs. Das biologisch-verhaltenstheoretische Neugierverhalten (2') sowie die notwendige Offenheit in gesellschaftlichen Krisensituationen (3') können zusätzliche Argumente für ein frühzeitiges Philosophieren als Selbstdenken sein. Während das hermeneutische Frage-Antwort-Verhältnis (5') einen lebendigen Problembezug nahelegt, ist keineswegs klar, ob die existentielle Betroffenheit (4') in philosophischer Distanz oder (auch) in psychotherapeutischer Zuwendung (6') bearbeitet werden kann und soll.

Auf jeden Fall aber sollte die affektive Komponente des Sich-Wunderns nicht vernachlässigt werden. Erwachsene können das Sich-Wundern der Kinder mißverstehen, wenn sie darin nur den Wunsch nach Erklärungen vermuten und nicht das Bedürfnis der Kinder sehen, mit einem anderen Menschen zusammen über etwas zu staunen oder zu rätseln. Wenn etwa ein Kind fragt: »Papa, warum ist der Himmel blau?«, will es nicht unbedingt eine kluge Sachantwort erhalten, sondern sucht möglicherweise die Nähe zu seinem Vater, um mit ihm den blauen Himmel zu bestaunen oder eine bedrohliche Situation besser auszuhalten. Ein gelehrter Astrophysiker (oder Kinderphilosoph) mit seinem Hang zu analytischem und empirischem Erklärenwollen ist in solchen Situationen oft unfähiger, das Staunen der Kinder zu teilen, als ein einfacher Bauer (vgl. Bodenheimer, 1984, S. 184 ff.). Die Verschränkung von Sach- und Beziehungsebene war bereits an Tims Frage deutlich geworden, ob vielleicht alles nur ein Traum ist. Aber auch unabhängig von der Beziehungsebene kann ein Gedanke oder das Seiende selbst Anlaß oder Gegenstand des Sich-Wunderns sein, wie sich etwa im *enthusiasmos* bei Platon ausdrückt (vgl. *Phaidros*).

Allerdings muß das affektive Sich-Wundern in der Philosophie zu einer kognitiven Verarbeitung führen, soll es nicht in bloße Schwärmerei ausarten. Ein Beispiel gibt etwa Kant in der berühmten Schlußpartie seiner *Kritik der praktischen Vernunft*: »Zwei Dinge erfüllen das Gemüt mit immer neuer und zunehmender Bewunderung und Ehrfurcht, je öfter und anhaltender sich das Nachdenken damit beschäftigt: der bestirnte Himmel über mir und das moralische Gesetz in mir.« Das Nachdenken erweitert den »bestirnten Himmel über mir« bis in die Unendlichkeit der Welt; das Nachdenken über »das moralische Gesetz in mir« aber erhebt dasselbe empirische, im Unendlichen verschwindende Ich zur sittlichen Persönlichkeit, die von dieser empirischen Unendlichkeit unabhängig handeln kann. In beiden Fällen jedoch folgt auf das unmittelbare Sich-Wundern oder Betroffensein nach Kant oft lediglich ein scheinbares »Nachdenken« im Sinne von Schwärmerei oder Sinnieren. Ohne genaues, methodisch angeleitetes Nachdenken über die zugrunde liegenden Prinzipien und Begriffe nämlich führe das Sich-Wundern und bloß vage Nachdenken auf Abwege: »Die Weltbetrachtung fing von dem herrlichsten Anblicke an und endigte – mit der Sterndeutung«; die moralische Betrachtung der sittlichen Person dagegen führe ohne methodisches Nachdenken zur »Schwärmerei, oder dem Aberglauben«.

Übertragen auf das Philosophieren mit Kindern hieße dies, das naive, erste Sich-Wundern der Kinder nicht zu einer blinden Welt-Anschauung verkommen zu lassen, etwa unter Berufung auf »die Phantasie« oder im Affekt gegen »Verkopfung« durch »Begriffe«. Vielmehr sollten die Erwachsenen versuchen, den Kindern zu einem wachen Welt-Bewußtsein zu verhelfen. Beispiele, wie sich gerade kindliche Naivität und Begeisterungsfähigkeit ideologisch nutzen lassen, gibt es genug, auch in den weniger spektakulären Formen. Man sollte daher nicht alles Sich-Wundern der Kinder Philosophie nennen. Zwar kann die »Phantasie der Kinder« (Doehlemann, 1985) zu philosophischen Überlegungen Anlaß geben, sie ist jedoch selber noch keine Philosophie; sie ist notwendig, aber nicht hinreichend. Dabei geht es nicht um bloße Benennungsprobleme, sondern um mögliche praktische Folgen (auch) für die Kinder. Die gesellschaftlich wirksame Abspaltung von Phantasie, Emotionen oder Affekten auf der einen Seite und von Vernunft, Reflexion oder Wissen auf der anderen Seite würde sich in einem reduktionistischen Paradigma von romantisierender »Kinderphilosophie« nur verdoppeln. Dabei kämen weder die Gefühle noch die Vernunft zu ihrem Recht als Bestimmungen des ganzen Menschen.

III

Die Ziele des dritten Hauptwegs »Sich-Wundern« unterscheiden sich auf den ersten Blick deutlich von denen der beiden ersten. Während das »Dialog-Handeln« und die »Begriffs-Bildung« vor allem auf gemeinsames Argumentieren und selbständige Gedankenklärung abzielen, kommt es beim »Sich-Wundern« in erster Linie auf die Förderung persönlicher Qualitäten wie Phantasie und Vorstellungskraft oder einfach auf eine lustvolle Tätigkeit an. So betont etwa Matthews, daß nach seinen Erfahrungen »für viele junge Angehörige der Gattung Mensch philosophisches Denken – einschließlich eines subtilen und scharfsinnigen Denkens – genauso natürlich ist wie Musik machen und Wettspiele spielen und daß es genauso wie diese zum Menschsein gehört« (Matthews, 1991, S. 54). Mit seinem vorsichtigen Bezug auf seine eigenen reichhaltigen Erfahrungen mit dem »natürlichen« Philosophieren bestimmter Kinder grenzt sich Matthews von der häufig in der aristotelischen Tradition vertretenen Auffassung vom schlechthin »natürlichen« Philosophieren der Kinder ab, wie sie etwa bei Jaspers oder Spaemann zu finden ist.

Weiterhin unterscheidet sich die Zielsetzung der verschiedenen Hauptwege in der Zweck-Mittel-Bestimmung der Philosophie. Während sie beim »Dialog-Handeln« und bei der »Begriffs-Bildung« eher Mittel zum pädagogischen oder demokratisch-politischen Zweck zu sein scheint, ist sie beim »Sich-Wundern« eher Selbstzweck, egal ob als menschliche Persönlichkeitsentfaltung oder als höchster Zweck-an-sich. Beim genaueren Hinsehen allerdings handelt es sich hierbei nur um Akzentuierungen in einem wechselseitigen, aber nicht hierarchisierbaren Zweck-Mittel-Geflecht: Gemeinsames Argumentieren und selbständige Begriffsklärung kann durchaus lustvoll sein und zur Persönlichkeitsentfaltung der Kinder gehören, wie umgekehrt das Sich-Wundern als Selbstzweck und als Pflege der Phantasie und Vorstellungskraft der Kinder nicht ohne begrifflich-argumentative Schulung auskommt und zu einem sinnvollen demokratischen Zusammenleben mit beitragen kann.

Entsprechend der Offenheit des Sich-Wunderns ist auch die Methode offen, die sich diesem Konzept zuordnen ließe. Eine derartige Offenheit ist allerdings für die organisierten Lehr-Lern-Prozesse der Schule durchaus zweischneidig. Einerseits widerspricht die freie Muße des Philosophierens der Disziplin des Lehrplans und der Stundeneinteilung in der Schule. Andrerseits könnte das mußevolle Philosophieren gerade als subversives Moment Spuren eines veränderten Lernens im institutionellen Betrieb und in den Gemütern und Köpfen der Kinder – auch der Lehrer – hinterlassen. An diesem Punkt treffen sich Schulkritik und Bemühungen zum veränderten Lernen mit dem Philosophieren in der Schule von der ersten bis zur letzten Klasse (vgl. Schulz, 1989; Giesecke, 1985). Bei aller berechtigten Schulkritik sind nämlich zwei Punkte nicht zu übersehen: zum einen lassen sich immer Freiräume nutzen und sind organisierte Lehr-Lern-Prozesse für gemeinsame, kontinuierliche und fortschreitende Denkentwicklungen unentbehrlich (darin liegt die Stärke von Lipmans Konzept); zum anderen ist deutlich geworden, daß auch das von Matthews favorisierte Konzept des Sich-Wunderns begrifflich-argumentative, also durchaus lehrbare und einübbare Komponenten enthält und folglich von ihm selber nicht für die Schule ausgeschlossen wird und auch nicht ausgeschlossen werden muß.

Philosophieren als freies, spontanes Sich-Wundern läßt sich zwar nicht reglementieren oder erzwingen, man kann es aber durch Unachtsamkeit unterdrücken oder eben im Gegenteil durch Aufmerksamkeit fördern und mit verschiedenen Methoden sogar anregen und organisieren. Daher hat Matthews beim Philosophieren mit Kindern verschiedene Methoden praktiziert, ohne sie als »Gebrauchsanleitung« anzubieten (Matthews, 1989, S. 21). In seinem Buch »Denkproben« etwa berichtet Matthews vor allem von einzelnen, blitzartigen Einfällen von Kindern, auf die Erwachsene unterschiedlich reagieren könnten: durch Weghören, Ungeduld (wie Wittgensteins Lehrer), Herablassung oder Schwärmerei, aber auch durch freundliches, am Denken des Kindes interessiertes Nachfragen, wie im Beispiel mit Tim oder im Gespräch mit John über den »Tisch« (Matthews, 1991; vgl. Reed, 1983).

Um mit den Kindern ins Gespräch zu kommen und es weiterzuentwickeln, ist man nicht nur auf die Einfälle der Kinder angewiesen. So erzählt Matthews unter anderem davon, wie er mit seinem zehnjährigen Sohn John gemeinsam philosophische Dialoge geschrieben hat. Im Anschluß an ihr Gespräch über den »Tisch« und was eigentlich Wörter sind, hat John Auszüge aus Augustins »De magistro« gelesen und danach mit seinem Vater zusammen einen Gesprächsabschnitt zwischen Vater und Sohn über die Bedeutung von Wörtern umgeschrieben (Matthews, 1991, S. 123 ff.). Noch besser aber gefiel es beiden, zusammen einen eigenen Dialog zu schreiben: »Das Verfahren war folgendes: Als erstes wählten wir eine von Johns Fragen zur Erörterung aus. Ich schrieb sie auf. Dann überlegte ich mir eine Antwort, die ich ebenfalls aufschrieb. Dann las ich die ursprüngliche Frage zusammen mit meiner Antwort John laut vor und bat John, sich eine Antwort darauf auszudenken. Gewöhnlich dachte er eine Weile nach und kam dann mit etwas heraus, das ich wieder aufschrieb« (S. 128). Man kann sich leicht vorstellen, wie sich aus dem gemeinsamen Schreiben und Nachdenken allmählich ein konzentrierter Dialog entwickelt hat.

Außer dem Anknüpfen an spontane Äußerungen der Kinder oder dem gemeinsamen Schreiben von Dialogen gibt Matthews noch eine weitere wichtige methodische Anregung. In seine Philosophiegruppe mit Acht- bis Zehnjährigen an einer Schule brachte er Anfänge von Geschichten mit, etwa über die Identität des alten Schiffes, ob Blumen glücklich sein können, was Wörter sind oder über Egoismus und Utilitarismus (Matthews, 1989). Er las diese Geschichtenanfänge vor und löste damit anregende, höchst kontroverse Diskussionen aus; in der nächsten oder übernächsten Stunde las er schließlich, gleichsam als Protokoll, das Ende der Geschichte vor, wie es nach der vorangegangenen Diskussion ausgegangen ist. Bei diesem Vorgehen gab Matthews zwar das Feld des Sich-Wunderns für die Gruppe vor, ohne aber die Blickrichtung im einzelnen zu reglementieren oder einen Endpunkt vorwegzunehmen. Damit löste er das Problem, wie in einer größeren Gruppe ein gemeinsames Gespräch organisiert werden kann, ohne die Freiheit des Philosophierens der Kinder unnötig einzuschränken. Das Vorlesen der selbst erarbeiteten Lösungsvorschläge nimmt zudem die Antworten der Kinder ernst und bestärkt sie darin, sich mit dem diskutierten Problem wirklich zu identifizieren.

Im Gespräch selbst beschränkte sich Matthews weitgehend auf das Nachfragen. Zusammenfassen und Zuspitzen, ohne selber inhaltliche, möglicherweise reglementierende Antworten zu geben. Damit wendete er der Sache nach, wie auch Lipman im Konzept des »Dialog-Handelns«, die von Nelson entwickelte »sokratische Methode« an (vgl. Heckmann, 1980). Dabei verhält er sich jedoch nicht distanziert zu den verhandelten Problemen und den Antworten der Kinder, sondern verwickelt die Kinder in seine eigenen Überlegungen und Interessen, wie ein Meister seine Lehrlinge in seine Arbeit einbezieht. Daher spricht Susannah Sheffer zu Recht von einem »Apprenticeship Model«, das Matthews anwende (Sheffer, 1989).

Als weitere Anregung empfiehlt Matthews, mit den Kindern zusammen Märchen oder Geschichten zu lesen und an den Stellen einzuhaken, die aus irgendeinem Grund ihr Interesse erregen, sei es durch Lachen, Stirnrunzeln, Ausrufe oder Fragen. So veröffentlicht er regelmäßig in der von Lipman herausgegebenen Zeitschrift *Thinking. The Journal of Philosophy for Children* eine Kolumne, in der er auf philosophisch interessante Stellen bekannter, meist amerikanischer Kinderbücher aufmerksam macht. Hier kann man sich leicht an Kinderbücher erinnern, die auch bei uns bekannt und nicht nur für Kinder interessant sind, beispielsweise an Michael Ende, *Die unendliche Geschichte* (s. Matthews, *Thinking* 5,3) und *Momo* (s. Glatzel, 1982); Ursula Wölfel, *Neunundzwanzig verrückte Geschichten* (s. Matthews, *Thinking* 6,4); Peter Bichsel, *Kindergeschichten*; Munroe Leaf, *Ferdinand*; Saint-Exupery, *Der kleine Prinz*; Lewis Carroll, *Alice im Wunderland*; Frank Tashlin, *Der Bär, der keiner sein durfte*. Vor allem aber ist höchst anregend: Franz Fühmann, *Die dampfenden Pferde im Turm zu Babel*. Ein heiteres Sprachbuch – nicht nur für

Kinder (siehe weiteres Material auch bei Martens, 1983; Birnbacher, 1983; Freese, 1990; Kähler/Nordhofen, 1994).

Das Philosophieren im Zusammenhang mit bekannten Kinderbüchern oder -geschichten hat den Vorteil, daß es sich im Unterschied zu philosophischen »Übungen« ganz natürlich aus den Lesegewohnheiten der Kinder heraus – abends beim Vorlesen oder im Deutschunterricht – und an literarisch wertvollen Texten entwickeln läßt. Von Erfahrungen, die Kinder mit selber verfaßten Geschichten zum Nachdenken anzuregen, berichten außerdem verschiedene Autoren, etwa im Themenheft *Short Stories from Germany, Denmark and the United States* (*Analytic Teaching*, 1988; vgl. Schreier, 1989 und 1993). Philosophisches Sich-Wundern muß sich aber nicht nur im Medium des Wortes, sondern kann sich auch im Zeichnen und im Rollen- oder Stegreifspiel entwickeln und ausdrücken (vgl. Köhler/Schreier, 1982; Brüning, 1985, 1990). Allerdings kann das Nachdenken darüber, was sich dabei entwickelt oder geäußert hat, nicht auf begrifflich-argumentative Mittel verzichten (vgl. Langer, 1984; Arnheim, 1977; Nordhofen, 1998), wenn und insofern wir jedenfalls begreifen wollen, was uns ergreift, und nicht nur begreifen wollen, sondern auch begreifen müssen – und können.

C
Natürlichkeit und Genialität bei Aristoteles und Schopenhauer

Das Konzept des »Sich-Wunderns« bezieht sich mehr oder weniger ausdrücklich auf die Philosophie des Aristoteles, in der Behauptung vom »natürlichen« Philosophieren oder von der theoretischen Neugier als Anfang des Philosophierens. Weniger bekannt dagegen sind die Überlegungen Schopenhauers zur besonderen Genialität der Kinder, die beispielsweise auch Jaspers bei Kindern sieht (Jaspers, 1953, S. 12). Eine nähere Beschäftigung mit den Äußerungen (I) bei Aristoteles über die Natürlichkeit und (II) bei Schopenhauer über die Genialität der Philosophie kann das Konzept des Sich-Wunderns vor einigen Mißverständnissen bewahren helfen, insbesondere vor dem Mißverständnis einer Philosophie-, Kindheits- und Erziehungsidylle. Danach wäre Philosophie als natürliches Bedürfnis des Menschen und unmittelbare Weisheit zu verstehen, zu der die Kinder in ihrer noch unverbildeten Genialität einen privilegierten Zugang hätten, der ihnen in einer Erziehung offengehalten werden müßte.

I

Platon und Aristoteles verstehen Philosophie als »Theorie« und gehen dabei von einem umgangssprachlichen Vorverständnis aus, das man etwa bei Herodot ausgedrückt findet. In seinen *Geschichten* berichtet Herodot (1. Buch, Kap. 30), Solon sei, nachdem er seine Arbeit an der Gesetzgebung von Athen abgeschlossen habe, auf

Reisen gegangen, und zwar »um der Theorie willen«. Theorie bedeutet in diesem Zusammenhang nach Schadewaldt »nicht unsere ›Theorie‹, sondern eigentlich ›heilige Schau‹: die Weise, wie ein Festgesandter etwa den Olympischen Spielen oder sonst einer kultischen Veranstaltung beiwohnte. Von da aus gewann das Wort die Bedeutung eines freien, durch keine Verpflichtung gebundenen Beiwohnens, wobei der Charakter des Festlichen und Feierlichen immer mit ihm verbunden bleibt« (Schadewaldt, 1978, S. 12f.). Bei der Theorie im kultischen Sinne handelt es sich also nicht um eine distanzierte, interesselose Analyse der Wirklichkeit, sondern um ein »Beiwohnen«, das sich dem Gegenüber anschmiegt und in ihn eindringt (vgl. Fromm, 1980). In diesem Doppelsinn von Erkennen und Eindringen heißt es auch in der alttestamentlichen Schöpfungsgeschichte, Adam und Eva »erkannten einander«. »Die Welt sehen«, wie die Herodot-Stelle oft recht beschaulich übersetzt wird, heißt, sich im Ganzen der Welt als Teil des göttlichen Kosmos wiederfinden. Dies geschieht allerdings nicht durch unmittelbare Hingabe, sondern »philosophierend« (*philosopheon*), wie Herodot Solon bezeichnet, im »Aneignen von Wissen« (Schadewaldt, 1978, S. 13). Damit ist bereits im vorphilosophischen Verständnis ein Dreierschritt von ursprünglicher Einheit von Mensch und Kosmos, Trennung und Rückkehr durch Wissen angelegt.

Theorie als »Beiwohnen« im göttlichen Ganzen ist zugleich ein Sich-Wundern über den »Kosmos«, der im Griechischen »Schmuck« und »Ordnung« bedeutet (*Be*wunderung). Theorie hat aber nicht nur umgangssprachlich wie bei Herodot eine emphatische, positive

Bedeutung, sondern erst recht in der philosophischen Ausdrucksweise bei Aristoteles und Platon. Das »Sich-Wundern« als Anfang der Philosophie ist allerdings bei ihnen als Terminus zunächst in einem aporetischen Sinne als bloßes Nichtwissen gemeint (*Ver*wunderung). Als Theaitet im Gespräch mit Sokrates seine erste Behauptung, Wissen sei Wahrnehmung, nicht mehr halten kann, ruft er aus: »Bei den Göttern, Sokrates, ich komme aus dem Staunen (*thaumazo*) nicht mehr heraus, was es damit alles auf sich hat. Und manchmal wird mir geradezu schwindlig, wenn ich es mir ansehe.« Darauf entgegnet ihm Sokrates: »Dein Zustand, die Verwunderung (*to pathos, to thaumazein*), ist recht typisch für einen Philosophen. Es gibt nämlich keinen anderen Anfang der Philosophie als die Verwunderung« (*Theaitetos* 156cf.). Wir müssen unser Nichtwissen erst einsehen und in die Aporie geraten, um uns überhaupt erst um ein Wissen zu bemühen. »Sich-Wundern« bedeutet bei Platon zunächst ganz einfach »Durcheinandersein«. Durch die prüfenden Fragen des Sokrates fühlt sich ähnlich auch Menon »erstarrt«, wie durch die Berührung eines »Zitterrochens«, und bleibt mit seinem Scheinwissen stecken (*Menon* 80af.). Dieser Zustand erst befähigt uns, nach wirklichem Wissen zu streben (*Menon* 84a–d). Philosophisches Wissen ist Eros oder Sehnsucht nach dem uns tragenden »Kosmos«, dem schönen und geordneten Ganzen. Während die Götter immer schon im Ganzen eingefügt sind, die »Sophisten« oder »die Unverständigen« dagegen sich einbilden, das Wissen als »Beiwohnen« schon zu besitzen, müssen wir Menschen die Anstrengung des Philosophierens auf uns nehmen, um uns im Kosmos wiederzufinden (Platon, *Symposion* 204aff.).

Der philosophische Eros als Sehnsucht nach dem »Kosmos« ist bei Platon daher nicht vom Nichtwissen als Ausgangspunkt und von der begrifflich-argumentativen Anstrengung abzulösen.

Auch bei Aristoteles ist das »Sich-Wundern« als Terminus im aporetischen Sinne gemeint und nicht als emphatisches Staunen über die Schönheit oder Erhabenheit des Kosmos. Als reines Wissenwollen, so bestimmt Aristoteles zu Anfang seiner *Metaphysik* den Status der gesuchten »ersten« Wissenschaft, ist Philosophie kein Wissen, das auf einen außerhalb liegenden Zweck abzielt, auf das Herstellen von etwas: »Denn Verwunderung (*thaumazein*) veranlaßte zuerst wie noch jetzt die Menschen zum Philosophieren, indem man anfangs über die unmittelbar sich darbietenden unerklärlichen Erscheinungen sich verwunderte, dann allmählich fortschritt und auch über Größeres sich in Zweifel einließ (*diaporesantes*), z. B. über die Erscheinungen an dem Monde und der Sonne und den Gestirnen und über die Entstehung des All. Wer aber in Zweifel und Verwunderung über eine Sache ist, der glaubt sie nicht zu kennen« (*Metaphysik* I 2,982b 12–18; vgl. 983a 13 ff.). Wie bei Sokrates und Platon ist also auch bei Aristoteles die Einsicht in das Nichtwissen Vorbedingung oder Anfang des Wissenwollens. Allerdings bezieht sich auch bei ihm das Wissen letztlich auf das göttliche Weltganze und bedeutet als »Beiwohnen« höchste, göttliche Lust für den Menschen (*Metaphysik* XII; *Nikomachische Ethik* X 4–9). Man kann aber kaum davon ausgehen, daß Philosophieren mit Kindern in diesem emphatischen Sinne etwa von Matthews gemeint ist, wenn er es als »eine der schönsten Gaben, die das Leben zu bieten hat«, preist (Matthews,

1989b, S. 17). Im freien Spiel des Geistes aber schwingt etwas von der Freude an geistiger Unabhängigkeit und Kraft mit, die Aristoteles oder Platon als »göttlich« bezeichnen.

Die Behauptung des »natürlichen« Philosophierens, das sich im Sich-Wundern der Kinder noch unverfälscht äußere, könnte sich nur dann auf Aristoteles berufen, wenn man »Natürlichkeit« in einem differenzierteren Sinne meint. Dazu muß man die Anfangspassage seiner *Metaphysik* etwas genauer lesen: »Alle Menschen streben von Natur (*physei*) nach Wissen (*eidenai*); dies beweist die Freude an den Sinneswahrnehmungen, denn diese erfreuen an sich, auch abgesehen von dem Nutzen, und vor allen andern die Wahrnehmungen mittels der Augen.« Vom »natürlichen« Philosophieren ist hier nicht die Rede, sondern vom »natürlichen« Wissenwollen generell, und dies auch nur mit einem recht schwachen Argument. Als Beweis für das natürliche Wissenwollen zieht Aristoteles nämlich das Sehenwollen heran, was durch die etymologische Verwandtschaft naheliegt (*oida* als Perfektform von *eidenai* heißt: »ich habe gesehen«, »ich weiß« als Augenzeuge, engl. *witness*). Allerdings schränkt Aristoteles etwas später diesen Beweis dadurch ein, daß nicht jedes Sehen zum Wissen führt. Tiere nämlich haben zwar »von Natur« Sinneswahrnehmungen (u. a. das Sehen), zum Wissen aber gehört auch Erinnerung, Erfahrung und Ursachenwissen hinzu. Ursachenwissen aber bedeutet, die allgemeine Bestimmung oder Prinzipien von etwas als etwas angeben zu können, und bezieht sich bei Aristoteles wie bei Platon auf das Allgemeine (980a 27ff.). Philosophie als Wissen der allgemeinen »Anfänge« oder Prinzipien unterscheidet sich vom handwerklichen und einzelwissenschaftlichen Wissen generell und erfordert zudem eine praktische Orientierung an der Vernunfteinsicht. Wie aber Aristoteles in seiner Ethik-Vorlesung und ähnlich auch Platon betonen, scheitert die Vernunftorientierung bei Jüngeren meistens am Mangel an Erfahrung und an der Beherrschung der Gefühle (s. S. 91). Daher kann bei Aristoteles von einem »natürlichen« Philosophieren nicht ohne weiteres die Rede sein, insbesondere nicht bei Kindern. Die Naturanlage des Wissenwollens ist allenfalls eine notwendige, aber keine hinreichende Bedingung des Philosophierens; dies wurde bereits bei den Unterscheidungen zu »Anfang« und »Sich-Wundern« deutlich.

Unterscheidet man jedoch einen biologischen oder deskriptiven Naturbegriff von einem teleologischen oder normativen, kann man verstehen, was Aristoteles meint, wenn er sagt, daß wir »von Natur« nach Wissen streben oder philosophieren. Zur »Natur« oder zum »Wesen« (griech. *telos*) des Menschen gehört nach Aristoteles in der Tat die Philosophie. Erst in ihr findet der Mensch seine höchste Erfüllung und sein wahres Glück (*Nikomachische Ethik* X). Aber diese teleologisch verstandene Naturbestimmung des Menschen realisiert sich nicht von selbst, sondern bedarf besonderer kultureller Umstände der Erziehung.

Weder in einem physiologischen noch in einem teleologischen Sinne philosophieren wir also natürlicherweise oder von selbst, sondern bedürfen erst einer philosophischen Kultivierung. Und diese ist bei Jüngeren oder bei Kindern alles andere als »von Natur« erfolgreich. Auch die Wesensbestimmung von der philosophischen Natur des Menschen sowie die Philosophie-Auffassung selbst ist nicht Sache der Natur, sondern der Kultur der Menschen, und zwar in der europäischen Tradition von Platon und Aristoteles. Wenn man also die anthropologische Prämisse von der »Natur des Menschen« nicht essentialistisch versteht, sondern als ein kulturell gewachsenes Selbstverständnis des Menschen als eines selbstbestimmten, reflektierenden Wesens, kann man von einem »natürlichen« Philosophieren im Sinne einer bestimmten kulturellen Wesensbestimmung des Menschen reden. Auch in einem biologischen Sinne kann man mit Aristoteles ein »natürliches« Wissenwollen generell behaupten, wenn man etwa an das überlebensnotwendige Neugierverhalten und das Probehandeln in der Symboldistanz zwischen Reiz und Reaktion denkt (vgl. Cassirer, 1990). Auch ist Aristoteles zuzustimmen, daß ein »natürliches« Philosophieren von Jüngeren sich erst durch Erziehung herausbildet, egal ob man die Skepsis hinsichtlich der Erfolgschancen teilt (wie z. B. Kluxen, 1989) oder nicht.

II

Mit mehr Recht allerdings, als Aristoteles für das »natürliche« Philosophieren der Kinder als Kronzeuge angeführt werden kann, läßt sich behaupten, daß Schopenhauer die bereits kritisierte Kindheits- und Philosophieidylle vertreten hat, die mit dem besonders Kindern zugeschriebenen »Sich-Wundern« häufig verbunden ist. In seinem Hauptwerk *Die Welt als Wille und Vorstellung* schreibt Schopenhauer im Kapitel »Vom Genie« (2. Band, 3. Buch, Kap. 31), »die Kindheit [sei] die Zeit der Unschuld und des Glücks, das Paradies des Lebens, das verlorene Eden, auf welches wir unsern ganzen übrigen Lebensweg hindurch sehnsüchtig zurückblicken«. An das »verlorene Eden« erinnere etwa »der unschuldige und klare Blick der Kinder« mit dem »kontemplativen Ausdruck« der Engelsköpfe von Raphael (S. 406). Wie eine »Jugendschönheit« gebe es auch eine »Jugend-Intellektualität, ein gewisses geistiges, zum Auffassen, Verstehen, Lernen geneigtes und geeignetes Wesen, welches Jeder in der Kindheit, Einige noch in der Jugend haben, das aber danach sich verliert, eben wie jene Schönheit« (S. 408).

Schopenhauer faßt seine Auffassung über die Kindheit im Begriff des Genies zusammen: »Wirklich ist jedes Kind gewissermaßen ein Genie, und jedes Genie gewissermaßen ein Kind« (S. 407). Das Genie zeichne sich durch die Fähigkeit zur »anschauenden«, »intuitiven Erkenntnis« aus, dem bloßen »Talent« dagegen komme die »diskursive« Erkenntnis in Begriffen zu (S. 316). Das Genie erfasse die Welt als Vorstellung, das bloße Talent als Wille, wie Schopenhauer bereits im Titel seines Hauptwerks *Die Welt als Wille und Vorstellung* seine Philosophie pointiert. Wohl in Erinnerung an seine eigene Ausbildung als Kaufmann und an seinen Aufenthalt in Holland illustriert Schopenhauer den Unterschied zwischen interessengeleitetem, zergliederndem Begriffsdenken und objektivem, ganzheitlichem »Urdenken [...] in Bildern« (S. 389) unter anderem am Beispiel vom »Kaufmann auf der Amsterdamer Börse«, der »vollkommen vernimmt, was sein Nachbar sagt, aber das dem Rauschen des Meeres ähnliche Gesumme der ganzen Börse, darüber der entfernte Beobachter erstaunt, gar nicht hört« (S. 392) – er sieht den Wald vor lauter Bäumen nicht.

Die Nähe des Kindesalters zur Genialität und das spätere Verschwinden der Genialität bei den meisten Menschen begründet Schopenhauer durch eine physiologische Entwicklungstheorie: »In der Kindheit nämlich ist, wie beim Genie, das Cerebral- und Nervensystem entschieden überwiegend, denn seine Entwicklung eilt der des übrigen Organismus weit voraus, so daß bereits mit dem siebenten Jahre das Gehirn seine volle Ausdehnung und Masse erreicht« (S. 405). Erst später dagegen entwickle sich das »Genitalsystem« und erhalte in der Pubertät »in der Regel das Übergewicht über die Gehirnfunktion«. Mit der »heillosen Tätigkeit« des Genitalsystems aber überwiege »Neigung, Begierde, Leidenschaft« über die reine Erkenntnis: »Hieraus ist es erklärlich, daß die Kinder im Allgemeinen so klug, vernünftig, wißbegierig und gelehrig, ja im Ganzen zu aller theoretischen Beschäftigung aufgelegter und tauglicher als die Erwachsenen sind« (S. 405f.). Zusätzlich argumentiert Schopenhauer für die Genialität der Kinder im Sinne eines überlebensförderlichen Neugierverhaltens. Der Intellekt sammle nämlich – wie die honigsammelnde Biene – »einen großen Vorrat von Erkenntnissen für künftige, ihm zur Zeit noch fremde Bedürfnisse« (S. 406).

Für die Praxis des Philosophierens mit Kindern würde nach Schopenhauer das Konzept des »Dialog-Handelns« und der »Begriffs-Bildung«, erst recht aber das der »Aufklärung« weitgehend wegfallen und vor allem ein emphatisches, auf keinen Fall aporetisches »Sich-Wundern« übrigbleiben. Einige Andeutungen zu den pädagogischen Konsequenzen aus seinem Kindheits- und Erkenntnisbegriff macht Schopenhauer in seinen *Aphorismen zur Lebensweisheit* – aus den *Parerga und*

Paralipomena – im Schlußkapitel *Vom Unterschied der Lebensalter.* Er greift noch einmal die Grundgedanken zum Genie- und Kindheitsbegriff aus seinem Hauptwerk auf und deutet vor allem drei negative pädagogische Konsequenzen an. Wegen der Höherbewertung der Welt als Anschauung gegenüber der Welt als Wille lehnt Schopenhauer zunächst eine Erziehung der Kinder zu Begriffen ab: »Während wir nun, mit solchem Ernst, dem ersten *anschaulichen* Verständnis der Dinge obliegen, ist andrerseits die Erziehung bemüht, uns *Begriffe* beizubringen« (Schopenhauer, 1974, S. 236). Gliedernde und interessengesteuerte Begriffe aber sind für Schopenhauer offensichtlich ein Machtmittel im – wie man mit etymologischen Anspielungen sagen könnte – zugreifenden und begreifenden Weltverhältnis des Menschen im Unterschied zum anschaulichen und beschaulichen Weltverhältnis. Da aber die Anschauungen »nur von uns selbst gewonnen, nicht aber auf irgendeine Weise uns *beigebracht* werden«, lehnt Schopenhauer – zweitens – »Pestalozzische Erziehungskünste« ab, die »aus einem geborenen Tropf einen denkenden Menschen bilden« wollen: »er ist als Tropf geboren und muß als Tropf sterben« (S. 236). Schließlich lehnt Schopenhauer für die Kinder eine (begriffliche) Philosophie ab und empfiehlt für sie eine (anschauliche) Poesie: »In der Jugend herrscht die Anschauung, im Alter das Denken vor: daher ist jene die Zeit für Poesie, diese mehr für Philosophie« (S. 251).

Schopenhauers Auffassungen über Kindheit, Philosophie und Erziehung finden sich der Sache nach in Positionen wieder, die »Kinderphilosophie« als wertvolles, später verlorengehendes Gut der genialischen, naiven

Kindheit betrachten. Ganz deutliche Anklänge an Schopenhauer kann man vor allem bei Jaspers heraushören: »Kinder besitzen oft eine Genialität, die im Erwachsenwerden oft verlorengeht. Es ist, als ob wir mit den Jahren in das Gefängnis von Konventionen und Meinungen, der Verdeckungen und Unbefragtheiten eintreten, wobei wir die Unbefangenheit des Kindes verlieren. Das Kind ist noch offen im Zustand des sich hervorbringenden Lebens, es fühlt und sieht und fragt, was ihm dann bald entschwindet« (Jaspers, 1953, S. 12). Noch deutlicher ist Sloterdijks Nähe zu Schopenhauer, wenn er von einem »neuen Kapitel des Philosophierens« spricht, das »im Zeichen des Kindes, des Zurweltkommens und des poetischen Geistes« stehe (Sloterdijk, 1988, S. 143).

Schopenhauers und ähnliche Positionen gehen jedoch von einer unhaltbaren Kindheits-, Philosophie- und Erziehungsidylle aus. Nach Schopenhauers *Kindheitsidylle* stört in der Kindheit »die heillose Tätigkeit« des Willens, besonders des »Genitalsystems«, noch nicht »das Paradies des Lebens«, unbeschadet der »kleinen Begierden, schwankenden Neigungen und geringfügigen Sorgen« (S. 406). Abgesehen aber davon, daß weder in unserer noch in anderen Gesellschaften keineswegs rousseauistisch von einer heilen Kindheit die Rede sein kann, ist auch Schopenhauers Einschätzung des »Genitalsystems« seit Freud einfach nicht mehr haltbar.

Schopenhauers *Philosophieidylle* ist ebenfalls unhaltbar. Offensichtlich glaubt er, daß dem genialischen Kind und Erwachsenen gleichermaßen ein unmittelbarer Zugang zum Ganzen der Welt möglich ist, ohne durch interessengeleitete Begriffe an der reinen Anschauung gestört zu werden. Gegen Schopenhauers Zweiermodell von Erkenntnis, entweder allein durch die Anschauung oder allein durch den Begriff, ist das bereits mehrfach dargelegte Dreiermodell von ursprünglicher Einheit, Abfall und Rückkehr durch die Arbeit des Begriffs festzuhalten.

Auch die *Erziehungsidylle* Schopenhauers schließlich, nach der das Kind nur aus sich selbst heraus ohne jede Erziehung sein »anschauliches«, entscheidendes Verhältnis zur Welt entwickeln könne und dafür die geeignete »Natur« mitbringen müsse, läßt sich durch die vorgebrachten Einwände gegen ein »natürliches« Philosophieren entkräften. Damit sind allerdings »archetypische« Urerfahrungen der Kinder oder ihr nicht-diskursives Erkennen (vgl. Langer, 1984) keineswegs geleugnet.

Geradezu in vorwegnehmender Kritik an der Philosophie-, Kindheits- und Erziehungsidylle Schopenhauers, zudem als ein entschiedenes Plädoyer für ein begriffskritisches Philosophieren mit Kindern, läßt sich beispielsweise Lichtenbergs Aphorismus lesen (um 1765–1770):

> »Die Erfindung der wichtigsten Wahrheiten hängt von einer feinen Abstraktion ab, und unser gemeines Leben ist eine beständige Bestrebung, uns zu derselben unfähig zu machen: alle Fertigkeiten, Angewohnheiten und Routine, bei einem mehr, als bei dem andern; und die Beschäftigung der Philosophie ist es, diese kleinen blinden Fertigkeiten, die wir durch Beobachtungen von Kindheit an uns erworben haben, wieder zu verlernen. Ein Philosoph sollte also als ein Kind schon besonders erzogen werden« (*Sudelbücher* A 11).

6
Aufklärung

A
»Postmoderne für Kinder« (Lyotard)

Das Projekt der Aufklärung ist seit ihrem sokratischen Beginn von Selbstkritik begleitet, ebenfalls die von ihr geprägte Pädagogik. Die Dialektik der Aufklärungsphilosophie ist daher zugleich die Dialektik der Aufklärungspädagogik. Die philosophische Aufklärung des 18. Jahrhunderts hatte sich zugleich als Pädagogik begriffen und bestimmt bis in die Gegenwart hinein mit Zielen wie Autonomie, Humanität, Toleranz, Sachlichkeit und Klarheit die Erziehung in Europa und weltweit. Allerdings ist die Nähe von großen Worten zu ideologischer Praxis und der Gegensatz von Anspruch und Wirklichkeit unverkennbar. Die Schattenseiten einer Aufklärungspädagogik, die den Kindern eine Disziplin vermeintlich klarer Vernunft auferlegt, lassen ihre ursprünglichen Versprechungen zweifelhaft erscheinen. In einer pessimistischen Einschätzung wird nach Horkheimer/Adorno die *Dialektik der Aufklärung* als vermeintlich befreiende, aber in Wirklichkeit unterdrückende Vernunft von den Erziehern an ihre Zöglinge geradezu als Wiederholungszwang eigener Erziehungsschicksale weitergegeben: »Furchtbares hat die Menschheit sich antun müssen, bis das Selbst, der identische, zweckgerichtete, männliche Charakter des Menschen geschaffen war, und etwas davon wird noch in jeder Kindheit wiederholt« (Horkheimer/Adorno, 1971, S. 33; vgl. Böhme/Böhme, 1983, S. 434–437).

Ein Beispiel dafür, daß auch das Philosophieren mit Kindern oder Jugendlichen eine derartige »furchtbare« Pädagogik sein kann, war in den zwanziger Jahren Herman Nohls Orientierung an Kants »sittlicher Unerbittlichkeit«, die den Jungen in ihrem Streben nach »Heldentum und stoischer Lebenshaltung« entspreche. Lieberts selbstsicherer Anspruch auf den Besitz einer Philosophie als weltanschauliche »Führerin« für die Schüler, die ihrer »Seele eingebaut« werden müsse, ist nur ein konsequenter nächster Schritt, ebenfalls die Ersetzung der Philosophie in der Schule durch die nationalsozialistische oder marxistisch-leninistische Ideologie stalinistischer Prägung (s. S. 21 f.).

Daß sich allerdings eine unterdrückende Disziplin im Namen der Vernunft nicht nur über dogmatische Ziele und Inhalte, sondern auch über die Art und Weise des Denkens und Sprechens durchsetzt, haben Foucaults Analysen zur »Ordnung des Diskurses« auch für den Unterricht gezeigt: »Was ist denn eigentlich ein Unterrichtssystem, wenn nicht eine Ritualisierung des Wortes, eine Qualifizierung und Fixierung der Rollen für die sprechenden Subjekte, die Bildung einer zumindest diffusen doktrinären Gruppe, eine Verteilung und Aneignung des Diskurses mit seiner Macht und seinem Wissen?« (Foucault, 1974, S. 31) Die autoritäre Versuchung in der »sokratischen Methode« beim Philosophieren mit Kindern läßt sich ebenfalls nicht übersehen, sei es in Nelsons Landerziehungsheim (vgl. Nielsen, 1985, S. 145, 152), sei es in den teilweise rigiden »Diskussionsplänen« in Lipmans Lehrerhandbüchern. Nach Bodenheimers Kritik ist die Fragemethode des Sokrates, etwa im Sklavengespräch des *Menon*, sogar generell ein Ausdruck von Herrschaft und eine entwürdigende Ausfragerei (Bodenheimer, 1984, S. 25–35).

Ein erschütterndes Beispiel für eine einengende Vernunft-Bildung ist etwa Fritz Zorns Leben. In seinem autobiographischen Buch *Mars*, das unter einem Pseudonym erschienen ist, richtet Zorn gegen sein Elternhaus die Anklage, es habe ihn »zu Tode erzogen« (Zorn, 1979, S. 44). Sein konformistisches, lustfeindliches, nicht gelebtes Leben sei ihm als Krebsgeschwür im Halse stecken geblieben. Zorn beschreibt sich selber als »verschüchterten kleinen Kant, der immer nur so zu handeln können glaubte, daß es durchaus dem allgemeinen Gesetz entspräche. [...] Ich meine damit die Vergewaltigung meiner damaligen kleinen – oder besser gesagt: schon klein gewordenen – Persönlichkeit, in der es nichts Eigenes geben durfte, weil sich alles an den Gesetzen des Richtigen und Allgemeinen auszurichten hatte« (S. 32). »Ich war eben, was man ›vernünftig‹ nannte. [...] Höflichkeit unbedingt ja, Herzlichkeit unbedingt nein – das war die Parole« (S. 47). Die »Gesprächsarmut« seines Elternhauses ließ nur konventionelles Reden über konventionelle Themen zu und schloß alles »Aufregende und Interessante« aus; es lohnte sich »über nichts mehr nachzudenken« (S. 35). In seiner Erziehung sei »nicht mein Wille und meine Gefühle und mein Ich die Hauptsache gewesen [...], sondern immer nur das Erbe der anderen in mir« (S. 188). Andererseits habe er dadurch, daß er »zu Krebse erzogen« sei, »jetzt auch eine Chance bekommen, auf das Übel zu reagieren« (S. 44). Kurz nach Abschluß seines Manuskripts ist Fritz Zorn gestorben, wie Adolf Muschg in seinem Vorwort berichtet.

Allerdings kann man trotz der unleugbaren Schatten,

die das Licht der Aufklärung wirft, nicht bereits von ihrem Scheitern und dem Scheitern einer Vernunft-Bildung generell sprechen oder ihren Universalismus als Eurozentrismus diskreditieren. Die Alternative wäre ihrerseits eine hilflose »Relativitätspädagogik« (Finkielkraut, 1989), die nicht mehr wenigstens versuchte, gerechtfertigte von ungerechtfertigten Ansprüchen und Zielen zu unterscheiden. »Dialektik der Aufklärung« bedeutet zwar – als Genitivus objectivus – die Ambivalenz von Aufklärung als Licht und Schatten, nicht aber ihre einseitige Abschaffung. Vielmehr zeigt sich in ihr – als Genitivus subjectivus – die Kraft der Vernunft, sich im Dialog mit sich selbst über ihre eigenen Verengungen Klarheit zu verschaffen und auch mit dem *Anderen der Vernunft* (Böhme/Böhme, 1983), wie Phantasie, Natur, Bildhaftigkeit, ins Gespräch zu kommen.

Aufklärung ist, wie in den sokratischen Dialogen, immer Selbstaufklärung der Vernunft oder besser: der vernunftbegabten, endlichen Menschen. Das sokratische Weiterfragen nach »dem Guten« läßt sich geradezu als Versuch verstehen, Vernunftansprüche auf »das Ganze« (z. B. »die« Tapferkeit schlechthin) als bloß partikular zu kritisieren und dabei den verengten Blick zu schärfen und zu erweitern. Aufklärung läßt sich daher nur um den Preis der Unfreiheit aufgeben. Wer früh genug Erfahrungen macht, wie man miteinander sprechen kann, wie Gedanken, Begriffe und Behauptungen klarer werden können, daß Denken orientieren und einfach auch Spaß machen kann, daß es aber auch ein unmittelbares Sich-Wundern und ein wortloses Verstehen von Menschen, Erlebnissen und Phänomenen gibt, ist es vermutlich leid, anderen bloß nach dem Munde zu reden.

Der wohl heftigste Streit um das Projekt der Aufklärung als Kennzeichen der Moderne ist in den letzten Jahren vom Postmodernismus ausgelöst worden, mit Auswirkungen auch auf die Pädagogik (z. B. *Pädagogische Rundschau*, Sonderheft 38, 1984) und auf das Philosophieren mit Kindern. Im Postmodernismus setzt sich die Dialektik der Aufklärung fort, indem Vernunft einerseits generell in ihrer negativen Erscheinungsform einer Kritik als Ende der Aufklärung unterzogen worden ist, sich aber andrerseits auch neue Formen der Vernunft als Aufklärung der Aufklärung herausbildeten. Entsprechend ist auch in der *Postmoderne für Kinder* (Lyotard) zwischen einer destruktiven und einer konstruktiven Spielart zu unterscheiden. Wie die Aufklärung ist auch der Postmodernismus als ihr Widerpart in sich höchst ambivalent. Erst im Durchgang durch beide Spielarten lassen sich daher die Konsequenzen für das Philosophieren mit Kindern deutlicher einschätzen. (Im folgenden soll mit »Postmoderne« der Gegenstandsbereich gemeint sein, über den der »Postmodernismus« reflektiert oder den er als Faktum – zu dem er oft auch selbst gehört – behauptet und wünscht.)

Ursprünglich entstand der *postmodernism* in den USA der fünfziger und sechziger Jahre als Rebellion junger Künstler aus der Literatur, Architektur, Musik und Malerei gegen erstarrte Formen etablierter, »moderner« Kunst (Huyssen, 1986). Die postmoderne Architektur etwa wandte sich gegen einen kalten, rein funktionalen und schmucklosen Stahl- und Betonbau. Statt dessen versuchte sie, alte und neue Bauteile, Funktionalität und Schmuck sowie Arbeits- und Freiraum miteinander zu verbinden, und ist unterdessen fast selber wieder zur

Stereotype im Stadtbild der Moderne geworden. In dieser Rebellion für Vielfalt und gegen Einheitlichkeit war der Postmodernismus also zunächst keine irrationale oder neokonservative Gegenaufklärung, sondern ein befreiendes Sichaufbäumen gegen eine bürokratische und funktionalistische Rationalität. In der Kunst kam sensibel zum Ausdruck, was Horkheimer in seiner *Kritik der instrumentellen Vernunft* (1947) an Verkrustungen und Deformationen der modernen, an Wissenschaft und Technik orientierten Gesellschaft diagnostiziert hatte. Auch konnte die Kunst am ehesten eigene, nicht-rationale Formen der Weltsicht und Weltgestaltung anbieten. Zur Kritik und Fortentwicklung der Moderne und der Aufklärung erweiterte sich der Postmodernismus zuerst in Lyotards wissenschaftssoziologischer Studie *Das postmoderne Wissen* (1979).

Das Wissen der Moderne geht nach Lyotard von den beiden »Metaerzählungen« aus, daß die neuzeitliche Wissenschaft den humanen Fortschritt befördere und zugleich die einzige Form von Wirklichkeitserkenntnis sei. Beide »Metaerzählungen« ließen sich jedoch nicht ohne Widersprüche ihrerseits wissenschaftlich begründen und seien zudem empirisch widerlegbar. Trotz ihres Legitimationsdefizits habe sich aber faktisch die moderne Wissenschaft und Technik als gesellschaftliche Macht nahezu universell durchgesetzt, auf die Spitze getrieben in der Computer- oder Informationsgesellschaft. Sie kennzeichnet nach Lyotard das postmoderne Wissen und treibt zugleich immanent ihren Widerpart hervor. Die informationstechnische Sprache sei nur scheinbar »geschlossen«, habe aber in Wirklichkeit »offene« Grenzen. Zum einen beruhe die formalisierte Sprache auf umgangssprachlicher Basis, zum anderen erfordere der Entwurf von Software und der Umgang mit ihr Flexibilität und Kreativität. Wenn Lyotard daher der Geschlossenheit der Computersprache die Offenheit der Wittgensteinschen »Sprachspiele« und die Kreativität der Kunst gegenüberstellt, macht er immanente, keine bloß äußeren Widersprüche sichtbar. Offensichtlich also ist für Lyotard das »postmoderne Wissen« notwendigerweise logisch-begrifflich und ästhetisch-kreativ zugleich konstituiert (vgl. Langer, 1984). Zwar läßt sich Lyotard streckenweise in einer destruktiven, antiaufklärerischen Spielart lesen (vgl. Habermas, 1985), die konstruktive, selbstaufklärerische Spielart läßt sich jedoch ebenfalls nicht übersehen (vgl. Wellmer, 1985).

Die konstruktive Spielart des Postmodernismus wird auch in Lyotards Überlegungen zur Philosophie in der Schule deutlich, die er in seinem Artikel *Der philosophische Gang* entwickelt (Lyotard, 1987). Zunächst ist dieser Artikel nur wegen seiner fiktiven (und nachträglichen) Adressierung an ein Kind und wegen seiner äußeren Zuordnung zu der gleichnamigen Aufsatzsammlung eine »Postmoderne für Kinder«. *Postmoderne für Kinder* ist aber nicht bloß ein literarisches Adressierungs-Prinzip zum größeren »Lesevergnügen« gegen den »Bierernst vieler Second-Hand-Post-Moderner« (Klappentext), noch weniger ist er bloß eine Reduktion auf Kinderniveau. Vielmehr knüpft Lyotard an den Grundgedanken des »postmodernen Wissens« an und bringt ihn in einen immanenten Zusammenhang mit dem Philosophieren von und mit Kindern. Nach Lyotard ist der »philosophische Gang« (*cours philosophique*) als »Vorhaben eines philosophischen Curriculums, nach dem

Vorbild der exakten Wissenschaften, zum Scheitern verurteilt« (S. 128). Der Lehrer sei nicht im Besitz eines sicheren Wissens, das in abmeßbaren Mengen an Schüler oder Kinder in überprüfbarer Weise didaktisierend vermittelt werden könnte. Vielmehr müssen sich Lehrer und Schüler gemeinsam dem anfänglichen philosophischen Fragen stellen: »man muß die Kindheit des Denkens geduldig ertragen« (S. 130).

Dennoch versteht Lyotard »Kindheit« nicht als authentische Weisheit. Vielmehr könne man im philosophischen Gang auch »von den anderen« lernen (S. 128), um »die stammelnde Sprache der Kindheit abzustreifen« (S. 131). Da aber faktisch »die Schüler nicht geneigt sind, sich in Geduld, in Anamnese, im Wieder-Beginnen zu üben«, und da Philosophieren als »Kundenfang« nach den institutionellen Bedingungen des Curriculum abzulehnen sei (S. 134), sieht Lyotard für die Philosophie in der Schule keine guten Chancen. Vielmehr entstehe ein philosophisches Bedürfnis aus dem »Zweifel am Ziel der Berufstätigkeit« gerade bei »höchstqualifizierten Berufen«: »Neue Aufgaben des didaktischen Denkens: Wo auch immer seine Kindheit suchen, auch außerhalb des Kindheitsalters« (S. 136 f.).

Lyotards subjektive Einschätzung »der« Schüler und »der« Schule sowie seine resignativ-elitären Schlußfolgerungen sind keineswegs zwingend. Vielmehr lassen sich aus seiner *Postmoderne für Kinder* für das Philosophieren (auch) mit Kindern einige Punkte konstruktiv festhalten: (1) ein »wissenschaftliches« Philosophie-Curriculum schließt Kinder unzulässigerweise aus, da Kinder eine eigene Sprache sprechen; (2) ein philosophischer Gang als anfängliches Fragen ist dagegen prinzipiell in gleicher Weise für Kinder wie für Erwachsene möglich; (3) ein wechselseitiges Lernen entspricht dem Gedanken des gleich ursprünglichen Anfangs; (4) ein »postmodernes« Philosophieren läßt sich zwar nicht nach einer wissenschaftlichen »Unterrichtsmethode« einrichten, sondern aus dem philosophischen Gang folgt, daß »jede Klasse, jedes Ensemble von Namen, Daten, Orten, ein eigenes Idiom erarbeitet, einen Idiolekt« (S. 131); der »Idiolekt« ist aber nicht gleichzusetzen mit der »stammelnden Sprache der Kindheit«, sondern ist ein radikales Selbstdenken; (5) die institutionellen Rahmenbedingungen dürfen zwar nicht naiv als Hindernisse für den philosophischen Gang übersehen werden, bieten aber auch Inseln der Muße; (6) wie bei der internen Transformation der scheinbar »geschlossenen« Computerwelt im »postmodernen Wissen« ist auch bei der *Postmoderne für Kinder* ein Übergang vom Philosophie-Curriculum zum philosophischen Gang nicht unmöglich; (7) auch Kinder bringen »Frag-Würdiges« in die Schule mit (Rumpf, 1986) und ermutigen zu »Belebungsversuchen« einer erstarrten Lernkultur (Rumpf, 1987; vgl. Bambach, 1985).

Ähnlich wie für Lyotard steht auch für Sloterdijk Philosophie »im Zeichen des Kindes« im Sinne eines ursprünglichen Anfangens oder der »Geburtlichkeit« (Sloterdijk, 1988, S. 143). Sloterdijk scheint allerdings einer Kindheitsidylle zu folgen, nach der die Kinder, wie die edlen Wilden Rousseaus, die besseren Erwachsenen sind, als Ersatz für die gesellschaftlich überholte Altersweisheit und die unterdessen ebenso strittige Nachfolgeinstanz der wissenschaftlich-technischen Erwachsenenvernunft. Auch scheint er Philosophie »im Zeichen [...] des poetischen Geistes« (S. 143) gegen eine reflexive, begrifflich-argumentative Philosophie austauschen und in Dichtung auflösen zu wollen. Daher eröffnet Sloterdijks »Philosophieren im Zeichen des Kindes« kaum Perspektiven für eine Orientierung im Denken mit Kindern, sondern verführt eher, als destruktive Spielart einer »Postmoderne für Kinder«, zur Desorientierung durch Schwärmerei – mit poetischem Charme.

Von der Idylle einer unmittelbaren Weisheit und unversehrten Kindheit her läßt sich keine verantwortbare Erziehung gestalten. Gerade im »Computerzeitalter«, dem Anstoß für Lyotards Postmodernismus, spitzt sich die Dialektik der Aufklärung in einer auseinanderdriftenden Scherenbewegung von maschineller Rationalität und menschlicher Emotionalität zu. Reflexivität, Urteilskraft und kritische Vernunft werden als mögliche Vermittlung von der kompensatorischen Allianz »innerlicher« Emotionalität und »äußerlicher« Rationalität nicht mehr wahrgenommen. Daß der Umgang mit dem Computer auch das Denken und Handeln der Kinder mehr und mehr in dieser Richtung zu prägen droht, ist eine pädagogische Binsenweisheit, die genauere Analyse und passende Therapie dagegen fehlen noch. Immerhin liegen einige erste Versuche vor, im Philosophieren mit Kindern die Computerorientierung durch eine Denkorientierung aufzuheben. Recht generell etwa behauptet der amerikanische Kulturkritiker Theodore Roszak einen *Verlust des Denkens* (1986) durch den Einzug der Computer in das Kinderzimmer und in die Schule. Nach Roszak bringt die Dominanz eines mechanischen, digitalisierten Denkens oder ein bloßes Hantieren mit unverstandenen Programmteilen »die Kräfte der Vernunft und der Phantasie, die in den Schulen eigentlich gepflegt und gefördert werden sollten, in Gefahr« (S. 12). Zwar kann und will auch Roszak nicht leugnen, daß die Kinder lernen müssen, logisch exakt und auf zuverlässiger informativer Basis zu denken. Aber nicht weniger notwendig sei auch, »solide Generalisierungen von Vermutungen, Hypothesen und leichtfertigen Vorurteilen zu unterscheiden« (S. 139) oder »präzise und kritische Fragen zu stellen [...]: Warum ist die Welt so? Wer hat sie so gemacht? Wie könnte sie aussehen?« (S. 88). Zugespitzt formuliert behauptet Roszak: »Das Wesen der Erziehung in den frühen Jahren liegt in der Vermittlung der großen Ideen, [...] der moralischen und metaphysischen Paradigmen« (S. 314). Statt dessen aber machten die Medien und ein computerisiertes, schematisches Denken »Archetypen zu Stereotypen«, »hohe, helle Bilder [zu] einzwängenden Konventionen« (S. 316). Die Kinder bräuchten dagegen zweierlei: zum einen orientierende Inhalte oder »homerische Themen als Seelennahrung für ihr Wachstum«, zum anderen aber auch eine kritische Denkmethode oder einen Sokrates als »philosophischen Störenfried« (S. 316). Gegen den »heimlichen Lehrplan« des »Datenverarbeitungsmodells des Geistes« (S. 317 f.) sei vor allem die »fruchtbare Gabe naiven Staunens« zu stärken (S. 320).

Zu Roszaks recht genereller Diagnose und Therapie passen die ebenso vagen Konzepte einer »informationstechnischen Bildung« (z. B. *Informationspapier des Bildungsministeriums*, Bonn 1987) mit ihren Forderungen nach »übergreifenden Schlüsselqualifikationen«, »abstrakt-logischem« Denken, Denken »in Zusammenhängen« oder »Werteerziehung« zum verantwortlichen Computereinsatz. Diese allgemeinen Vorschläge und Forderungen konkretisieren sich dagegen in den kleinen, ersten Schritten eines Philosophierens mit Kindern vom Wittgensteinschen »Sprachspiel« mit Vierjährigen bis zu den Logikübungen und phantasiereichen Gesprächen mit Vierzehnjährigen. Zwischen informationstechnischer Bildung und Philosophieren mit Kindern lassen sich jedoch nicht nur von der Denkmethode, sondern auch von den Denkinhalten her Brücken schlagen. Unterdessen haben vor allem die Untersuchungen von Sherry Turkle gezeigt, daß der Umgang mit Computern das Denken der Kinder nicht notwendigerweise verkümmern läßt. Turkle unterscheidet drei Entwicklungsphasen der Kinder in ihrem Verhältnis zum Computer: »Kinder als Philosophen« lassen sich im Alter von vier bis acht Jahren von ihrem Computerspielzeug zu »metaphysischen« Fragen provozieren, etwa ob Computer »schlau« oder »lebendig« sind (Turkle, 1984, S. 29–73); in der nächsten Entwicklungsphase bis etwa zu zehn Jahren haben die Kinder ein Machtverhältnis zum Computer als technischem Gerät; in der Adoleszenz dagegen kehre die Reflexion als Nachdenken über die eigene Identität im Unterschied zum Computer zurück: »Die Fragen des ersten Stadiums (Was ist die Maschine?) und des zweiten Stadiums (Was kann ich mit ihr machen?) weichen einer neuen zentralen Frage: Wer bin ich?« (S. 170f.). Bereits bei kleinen Kindern aber konnte Turkle eine Abspaltung von Vernunft (der Computer) und Emotionalität (der Menschen) feststellen, die sie als gefährliche »Mischung aus Mystizismus, Zen und Romantizismus« bezeichnet (S. 73; vgl. S. 387).

Daß dagegen beispielsweise zehnjährige Kinder durchaus fähig und interessiert sind, über Computer nachzudenken, dokumentiert Pritchard in dem Gesprächsprotokoll »Brains, Computers, And Controlling Thoughts« (Pritchard, 1985, S. 99–112). Vorschläge, wie sich Kinder philosophisch mit dem Computer auseinandersetzen können, liegen bisher nur im Ansatz vor (Martens, 1988, S. 67–70). Dabei ist das (inhaltliche) Philosophieren *über* oder *am* Computer als Objekt oder Lerngegenstand zu unterscheiden vom (methodischen) Philosophieren oder Reflektieren *durch* den Computer als Lernmedium. Gegenüber der Hoffnung allerdings, durch ein »dialogisches« Computerprogramm reflexive Fähigkeiten der Kinder zu fördern, ist Skepsis angebracht. Hierfür eignen sich eher dialogische Situationen, die nicht vorprogrammiert sind und sich auf Fragestellungen der Kinder beziehen (vgl. Furlong/Carroll, 1985; Lipman, 1985; Brüning/Haeberlin, 1995).

B
»Aufklärung für Kinder« (Benjamin)

In seinen Rundfunkvorträgen *Aufklärung für Kinder* (1985) wollte Walter Benjamin seinen Zuhörern etwas zu denken geben, genauso in seinem Hörspiel *Das kalte Herz* (1989) nach Wilhelm Hauff. Dabei war er keineswegs blind gegenüber der »Dialektik der Aufklärung«, sondern versuchte im Gegenteil, mit der umfassenden Vernunft eine verengte und ziellose Vernunft zu überwinden. Auch schwebte ihm keineswegs eine Kindheitsidylle vor. Für Benjamin stand die Idee der Kindheit für den Traum einer besseren Welt, aber auch für ihre Gefährdung (Benjamin, 1969). Auch sonst hat sich Benjamin viel mit »Kindheit« beschäftigt, etwa indem er über Kinder schrieb (*Berliner Kindheit um 1900*; *Einbahnstraße*), über Erziehung nachdachte (Benjamin, 1969) oder Kinderbücher und Spielzeug sammelte. Der Wert seiner Rundfunkvorträge und seines Hörspiels liegt allerdings nicht so sehr in ihrer unmittelbaren Verwertbarkeit für das Philosophieren mit Kindern. Vielmehr lassen sich von Benjamins *Aufklärung für Kinder* her Zielperspektive und Kriterien für das Philosophieren mit Kindern als Aufklärung weiter klären. Benjamins Rundfunkvorträge provozieren zudem die Frage, wie unter gegenwärtigen Medienbedingungen im Rundfunk, Fernsehen oder mit CD-ROM eine philosophisch orientierte »Aufklärung für Kinder« gestaltet werden könnte.

Die zwanzigminütigen Vorträge, die Benjamin von 1929 bis 1932 im Berliner und im Südwestdeutschen Rundfunk in der *Jugendstunde* gehalten hat, lassen sich inhaltlich in vier Gruppen einteilen. Zunächst handeln die Vorträge von der näheren Umgebung der Berliner Kinder, etwa *Berliner Puppentheater*, *Die Mietskaserne* oder *Besuch im Messingwerk*; eine zweite Gruppe umfaßt Ereignisse aus der neueren Geschichte, z. B. *Hexenprozesse*, *Räuberbanden im alten Deutschland* oder *Cagliostro*; drittens erzählt Benjamin von schlimmen Katastrophen aus fernen Ländern, wie *Untergang von Herculanum und Pompeji*, *Erdbeben von Lissabon* oder *Die Mississippi-Überschwemmung von 1927*; eine vierte Gruppe schließlich enthält Verschiedenes, *Wahre Geschichten von Hunden* und *Ein verrückter Tag. Dreißig*

Knacknüsse. Als ein Ziel haben die Vorträge zu zeigen, daß Vernunft und Unvernunft nahe beieinanderliegen, nicht nur in fernen Ländern und Zeiten, sondern bereits in unserer eigenen Gesellschaft und im unmittelbaren Alltag. Außerdem möchte Benjamin den Kindern und Jugendlichen einfach die Augen für interessante Menschen und Ereignisse öffnen und ihren Blick schärfen, indem er ihnen an konkreten Beispielen zeigt, worauf man achten sollte und wie man klarer sehen könnte.

In seinem Vortrag über die *Hexenprozesse* beispielsweise spricht Benjamin seine Zuhörer unmittelbar an und zieht sie gleich als Gesprächspartner in seine Überlegungen mit ein: »Zum ersten Mal habt ihr bei Hänsel und Gretel von Hexen gehört. Und was habt ihr euch dabei gedacht? Eine böse, gefährliche Waldfrau, die allein vor sich hinlebt und der man besser nicht in die Arme läuft. Sicher habt ihr euch nicht den Kopf zerbrochen, wie die Hexe zu dem Teufel oder dem lieben Gott steht, woher sie kommt, was sie tut und was sie nicht tut« (S. 89). Von den Alltagserfahrungen der Kinder leitet Benjamin zum Hexenglauben der Erwachsenen über, der jahrhundertelang ebenfalls ein harmloser Aberglauben gewesen sei, bis er im 14. Jahrhundert in den Hexenprozessen gefährliche Formen angenommen habe. Zwar betont Benjamin, daß es keine sichere Erklärung für diese Entwicklung gibt, macht aber vor allem die beginnende neuzeitliche Wissenschaft sowie die Philosophen und die Juristen dafür verantwortlich. Durch die Kreuzzüge wurden, so erzählt Benjamin, die weit entwickelten Naturwissenschaften der Araber auch in Europa bekannt und waren als »Weiße Magie« oft nur schwer von der »Schwarzen Magie« unterscheidbar. Beide Formen der Naturbemächtigung sah man zunehmend als bedrohliche Zauberei an. Besonders die Philosophen (»das waren damals aber nur Geistliche«, S. 90) beschäftigten sich zuständigkeitshalber mit dem Hexenglauben als Fall von Ketzerei.

Die von den Philosophen oder Theologen entwickelten »Beweise für das Dasein der Hexen« waren nach Benjamin allerdings »so unlogisch, daß man sie heute keinem Tertianer im Schulaufsatz durchgehen ließe«, etwa im folgenden Beispiel aus dem Jahre 1660: »Wer das Dasein von Hexen leugnet, der leugnet auch das Dasein von Geistern, denn Hexen sind Geister. Wer aber das Dasein von Geistern leugnet, der leugnet auch das Dasein von Gott, denn Gott ist ein Geist. Also leugnet, wer Hexen leugnet, auch Gott« (S. 92). Der logische Fehler ist schnell zu erkennen, wenn auch weniger schnell beim bloßen Zuhören. Nach dem Muster von Harrys All-Sätzen sind zwar alle Hexen Geister, aber nicht alle Geister sind Hexen. Aus der Leugnung der »Teilmenge Hexen« folgt also nicht die Leugnung der »Gesamtmenge Geister« und somit auch nicht der darin enthaltenen »Teilmenge Gott«. Außerdem setzt der (fehlerhafte) Beweisgang in seinem Aufbau als *reductio ad absurdum* als bewiesen voraus, daß Gottesleugnung absurd wäre.

Am schlimmsten aber seien die »Rechtsgelehrten« gewesen, etwa mit dem 1487 zuerst erschienenen *Hexenhammer*, dem Handbuch für die Inquisitoren. Erst als die manifesten Folgen der Hexenprozesse, wie die bedrohliche Abnahme der Bevölkerung, Landverödung und Minderung der Steuereinnahmen, sichtbar wurden, »wagten die Menschen allmählich nachzudenken« (S. 95) und begannen ihre Irrtümer einzusehen, die verschiedenen Gelehrtengruppen wie auch »der gesunde Menschenverstand«. Besonders der Jesuit Friedrich von Spee habe mit seinem Buch *Die Warnschrift über die Hexenprozesse* bewiesen, »wie nötig es ist, Menschlichkeit über Gelehrsamkeit und Scharfsinn zu stellen« (S. 94).

Ein zweites Beispiel seiner *Aufklärung für Kinder* ist Benjamins Vortrag *Besuch im Messingwerk*. Eigentlich, so meint Benjamin, helfen Worte nicht weiter, sondern man müßte sich das Messingwerk in Berlin selber ansehen: »So was muß man sehen, man kann es doch gar nicht beschreiben« (S. 73). Aber auch der »Betrachter« hat von seinem Besuch nicht viel: »Was würde denn der sehen? Sehr einfach: ungefähr ebensoviel, wie ich hier mit Worten beschreiben kann. Also so gut wie nichts. Denn was würde dabei schon herauskommen, so eine Maschine nach ihrem bloßen Aussehen schildern zu wollen?« (S. 73.) Von innen aber versteht man eine Maschine erst, wenn man weiß, wie ihr Ablauf »zustande kommt« (S. 74). Man muß sich also »erst einmal vom Augenschein entfernt haben« und »die Punkte herausgreifen, die man mit dem Verstande zuerst besetzen muß, um von ihnen aus das Ganze in die Gewalt zu bekommen« (S. 74). Während Benjamin nun einen Punkt nach dem anderen durchspricht, etwa die Arbeiter, die Kalkulation, die Leitung und den Walzvorgang, macht er mit seinen Zuhörern wirklich – mit dem geistigen Auge – einen Besuch im Messingwerk. Zugleich gibt Benjamin eine praktische Einleitung in die Erkenntnistheorie, indem er den Kindern den Zusammenhang von Anschauung und Begriff, Teil und Ganzem, Nähe und Distanz sowie von konkret und abstrakt verdeutlicht, auch ohne Fachtermini und abgehobene Erläuterungen.

Mit seinen Vorträgen praktiziert Benjamin in mehrfacher Hinsicht eine philosophisch orientierte Aufklärung. Zunächst klärt er die Kinder über einen Sachverhalt mit Faktenwissen und historischen Daten auf, ohne dabei eine Vorzensur auszuüben, wie er der damaligen Kinderliteratur vorwirft: »Kinder wollen natürlich alles kennenlernen«, nicht »die Welt nur immer von der braven und artigen Seite« (S. 67). Zweitens gibt Benjamin Erklärungen zum Sachverhalt, etwa wie es zu den Hexenprozessen kam und warum sie schließlich ein Ende nahmen. Drittens geht Benjamin bei der Darstellung des Faktenwissens und bei seinen Erklärungen methodisch vor, indem er beispielsweise am Messingwerk vorführt, wie man überhaupt zu Erkenntnissen kommt. Hierzu gehören auch logische Anforderungen, etwa im Hexen-Beweis oder in den »Knacknüssen«. Viertens gehört zum Erkennen auch Klarheit über Zielsetzungen. So zeigt Benjamin ohne eine aufgesetzte »Moral von der Geschicht« an den Hexenprozessen, daß scharfsinniges Denken ohne »Menschlichkeit« in Unvernunft umschlägt.

Fünftens schließlich leistet Benjamin auch eine Aufklärung über die Aufklärung: An den Hexenprozessen etwa, aber auch an den großen Naturkatastrophen, kann man sehen, daß gerade der blinde und selbstsichere Verlaß auf ein angeblich vernünftiges Verhalten zutiefst unvernünftig ist, ohne daß Benjamin damit etwa klares Denken und technisches Können verwerfen wollte. Ein besonders deutliches Beispiel für die Überheblichkeit »im sogenannten Zeitalter der Aufklärung« (S. 133) sieht Benjamin im Magier und Scharlatan »Cagliostro« im 18. Jahrhundert, offensichtlich in Anspielung auf die bereits drohende Macht Hitlers: »Gerade weil die Leute so fest davon überzeugt waren, daß Übernatürliches nicht wahr sei, gerade darum hatten sie sich nie die Mühe gegeben, ernsthaft darüber nachzudenken« (S. 138).

Auch in seinem (zusammen mit Ernst Schoen verfaßten) Hörspiel *Das kalte Herz* (nach Wilhelm Hauff, 1802–1827) nimmt Benjamin vernunftkritische Motive auf. Kohlenmunk-Peter darf Glasmännlein um drei Wünsche bitten, denkt dabei aber nur an Geld für das Wirtshaus und für eine neue Glashütte. Er hätte sich aber zusätzlich »Einsicht und Verstand« wünschen sollen (Benjamin, 1989, S. 329). Als er später an Holländer-Michel für Geld sein Herz gegen einen Stein eintauscht, hat er ein »kaltes Herz« und damit auch eine kalte, unmenschliche Vernunft. Als er nach einer langen Reise wieder heimkehrt, empfindet er keine Wiedersehensfreude: »Er merkt ja so was, aber nur im Kopf, nicht im Herzen. Er erkennt, daß er wieder zu Hause ist, aber er fühlt es nicht« (S. 337).

Mit seiner Kritik am herzlosen Kopfmenschen übernimmt Benjamin die Vernunftkritik Schillers oder der Romantik, ohne damit etwa Vernunft generell abzuwerten. Im Gegenteil, Kohlenmunk-Peter kann sein Herz nur dadurch zurückgewinnen, daß er Holländer-Michel überlistet. Glasmännlein verrät ihm aber nicht, wie er es bewerkstelligen könnte, sondern fordert ihn zum Selbstdenken auf: »Ja, das kann ich dir nicht sagen. Bisher hast du wenig genug nachgedacht in deinem Leben. Es wird höchste Zeit, daß du anfängst« (S. 341). In der Vorlage bei Hauff dagegen gibt das Glasmännlein dem Kohlenmunk-Peter klare Anweisungen und ein magisches Befreiungsmittel: »›Tue, was ich dir heiße!‹ Und nun unterrichtete er ihn in allem und gab ihm ein Kreuzlein aus reinem Glas: ›Am Leben kann er dir nicht schaden, und er wird dich freilassen, wenn du ihm dies vorhalten und dazu beten wirst‹« (Reclam-Ausgabe, S. 47).

Das Hörspiel endet damit, daß Kohlenmunk-Peter tatsächlich sein Herz durch eine selbst ausgedachte List zurückerhält. Gefühl und Vernunft, so möchte Benjamin den Kindern klarmachen, sind untrennbar miteinander verbunden und führen isoliert voneinander zu Barbarei. Gerade angesichts der heraufziehenden nationalsozialistischen Schreckensherrschaft, der er schließlich selber zum Opfer fiel, hielt Benjamin beharrlich an der Hoffnung der Aufklärung fest. Hauff dagegen, der erst am Anfang einer auseinanderstrebenden Orientierung an Vernunft und Gefühl stand, läßt das Märchen in ein Lob des kleinbürgerlich geordneten Lebens ausklingen: »Von jetzt an wurde Peter Munk ein fleißiger und wackerer Mann« (S. 51).

Tiedemann, der Herausgeber der Rundfunk-Vorträge, charakterisiert Benjamin zu Recht als einen »ebenso unaufdringlichen wie ingeniösen Pädagogen, der als Erzähler Aufklärung vorantreibt« (Tiedemann, in: Benjamin, 1985, S. 206). »Ziel der Benjaminschen Aufklärung« ist, wie auch Susan Buck-Morss zuzustimmen ist, weder »eine repressive und autoritäre Moral« noch eine Vernunfterziehung nach Art Piagets, »der dem Kind eine rein formale Rationalität beibringen will, damit es sobald wie möglich ein Stadium der abstrakten und universalen Vernunft erreiche«, sondern vielmehr, »daß das Kind seine historisch spezifische Umwelt verstehen lernt« (Buck-Morss, 1988, S. 96). Allerdings verkürzt

Buck-Morss Benjamins Aufklärungskonzept, wenn sie ihm lediglich eine »antiautoritäre Aufklärung« zuschreibt, durch die »Kinder durch kritisches Verstehen der überlieferten Tradition in die Lage versetzt werden, unabhängig zu denken« (S. 98).

Dagegen trifft Adorno Benjamins philosophisches Motiv genauer, wenn er seinen Erkenntnisstil beschreibt, der auch auf seine Rundfunkvorträge zutrifft. In Benjamins Versuch, im Einzelnen dem Allgemeinen auf die Spur zu kommen, sieht Adorno ein Gegengewicht »gegen die ausgeleierte Thematik der Philosophen und ihren Jargon« (Adorno, 1976, S. 287). Dagegen gelte für Benjamin der »Grundsatz, die kleinste Zelle angeschauter Wirklichkeit wiege den Rest der ganzen Welt auf« (S. 294). Als »Dialektiker der Phantasie« verbinde Benjamin Anschauung und Begriff, Sinnlichkeit und Vernunft: »Der Gedanke rückt der Sache auf den Leib, als wollte er in Tasten, Riechen, Schmecken sich verwandeln« (S. 299f.). Ein besonders deutliches Beispiel hierfür war etwa der Rundfunkvortrag *Besuch im Messingwerk*, aber auch die Umsetzung optischer Vorstellung in das »Stimmland« des neuen Rundfunkmediums in seinem Hörspiel *Das kalte Herz*. Außerdem liegt nach Adorno für Benjamin nicht nur in dessen Methode, sondern auch in seinen Inhalten ein befreiendes Moment. Die Idee der Kindheit bedeute für ihn eine Erinnerung an »das Versprechen von Glück«, aber auch an »Versagung« von Glück (S. 284f.).

Ähnliches ließe sich auch von Adornos eigenen Bemerkungen über »Kindheit« sagen, etwa in den *Minima Moralia*, und von seinem nie aufgeführten Libretto *Der*

Schatz des Indianer-Joe, nach der Vorlage von Mark Twains *Tom Sawyers Abenteuer* (1885). Die Sehnsucht nach Abenteuer, nach Ausbrechen aus dem bürgerlichen Normalleben und nach Glück läßt sich nicht auf Kinder oder Erwachsene aufteilen. Daher schreiben Adorno wie Mark Twain für beide. Das erste Bild zeigt die Kinder als Teilnehmer an einem bürgerlichen Leben, das durch Tauschprinzip und Verwertbarkeit organisiert ist. Tom sollte den Zaun von Tante Pollys Haus streichen und ließ andere Kinder für sich arbeiten, indem er ihnen einredete, daß Zaunstreichen die tollste Sache in der Welt sei und daß sie ihm dafür sogar noch etwas geben müßten. In einer weiteren Szene muß der Kater Peter die Medizin von Tom vorher ausprobieren und kommt dabei um. Auch das tote Tier unterliegt noch Verwertbarkeitskriterien. Tom und Huckleberry Finn benutzen den toten Kater Peter nachts auf dem Friedhof als Warzenbeschwörungsmittel.

Dabei werden sie Zeugen eines Mordfalls. Als die drei Leichenfledderer Indianer-Joe, Dr. Robinson und Muff Potter in Streit über die Bezahlung geraten, bringt Indianer-Joe Dr. Robinson um, drückt aber dem volltrunkenen Muff Potter das Messer in die Hand. Aus Angst vor der Rache Indianer-Joes, der sie als Zeugen erkannt hatte, fliehen die Jungen aus der Stadt auf eine Mississippi-Insel. Dort träumen die Jungen vom Leben als Seeräuber und von den großartigsten Abenteuern. Trotz ihrer Träumereien und ihrer Angst zieht es sie jedoch wieder nach Hause zurück. Die Kinder wollen fliehen, können sich aber nicht wirklich freimachen. Sie kommen alleine nicht zurecht und sehnen sich nach ihrem »alten Haus«. Zu Hause retten die Kinder die reiche Witwe

Douglas vor einem Mordanschlag, finden einen Schatz, den der Indianer-Joe versteckt hatte, dieser stürzt zu Tode und alles nimmt ein gutes Ende. Die Kinder sind von der Normalität wieder eingefangen und sollen als Waisen eine gute Erziehung bekommen. (In Bernard Sabaths Stück *Jungs im Herbst* treffen sich die beiden Jungen im gesetzten Alter wieder und träumen ihre Kinderträume von Freiheit weiter.)

In dem 1932/33 geschriebenen Libretto hat Adorno auch eigene autobiographische Motive verarbeitet (Tiedemann, in: Adorno, 1979, S. 125f.). Als Kind großbürgerlicher Herkunft verbrachte er eine recht glückliche Kindheit, verlor aber unter den Nazis als Halbjude und überzeugter Sozialist seine Dozentur und durfte nur noch »Nichtariern« Musikunterricht geben. Wie die Jungen im *Schatz des Indianer-Joe* liebte Adorno dennoch seine Heimat und konnte sich nur schwer zur Flucht in die Freiheit entschließen. Benjamin verdammte Adornos Stück allerdings in einem Brief als »Reduktion auf das Idyllische« (S. 123). Gegen diesen Vorwurf verteidigte sich Adorno, daß »am Kindermodell sehr ernste Dinge demonstriert worden sind«, etwa die Angst der Jungen, und daß es keineswegs um die »Beschwörung von Kindheit« gehe (S. 124). In der Tat findet man im »Schatz des Indianer-Joe« Motive aus Adornos *Minima Moralia*: »Es gibt kein richtiges Leben im falschen« (1,18). Von einer Kindheitsidylle kann bei Adorno keine Rede sein: weder geschieht die Flucht ins Abenteuer der Jungen freiwillig, noch endet sie erfolgreich. Allerdings verbindet Adorno, wie Benjamin auch, mit dem Begriff Kindheit dennoch die Hoffnung auf ein gelungeneres Leben.

Aus Kants »Wahlspruch der Aufklärung«, dem *sapere aude*, und seinen Konkretisierungen bei Benjamin und Adorno lassen sich einige grundsätzliche Forderungen für das Philosophieren mit Kindern gewinnen:

1. Dem Wahlspruch der Aufklärung zu folgen, erfordert vor allem »Mut« (*sapere aude*), da es ständig das Risiko des Irrtums, der oft schmerzlichen Selbstkorrektur, der Unsicherheit und des Aneckens mit sich führt.

2. *Sapere* sollte einem außerdem das »Nachplappern verleiden« (von Hentig, 1985, S. 104) oder das »Sabbeln«, »das Herausfließen von endlosem, ekligen Speichel« (nach Kluges *Etymologischem Wörterbuch* könnte zwischen *sapere* und niederdeutsch »sabbeln« über »Saft« eine Wortverwandtschaft bestehen).

3. Der Wahlspruch der Aufklärung fordert nicht etwa zu einem bloß begrifflich-argumentativen Denken und Sprechen auf. Vielmehr »rückt [das Denken] als Gedanke der Sache auf den Leib« (Adorno, 1976, S. 299) und ist, von der lateinischen Etymologie *sapientia* her, »ein scharfes Herausschmecken und -erkennen« (Nietzsche, 1968, S. 146).

4. Schließlich meint *sapere aude* auch nicht ein bloß theoretisches Erkennen, sondern zugleich ein Handeln und eine lebenspraktische Orientierung.

C
Lesen, Schreiben, Rechnen – Philosophieren

Warum sollten wir, Erwachsene mit Kindern, eigentlich philosophieren? Eine Antwort ergibt sich, wenn wir uns selbst als symbolgebrauchende Lebewesen erkennen oder interpretieren (vgl. Cassirer, 1990). Wir leben nicht nur in einer Realwelt, sondern erleben und verstehen uns selbst, die anderen und die Natur immer schon vermittels einer Symbolwelt von sprachlichen und nichtsprachlichen Zeichen. Die Unmittelbarkeit eines Zugangs zu »der« Wirklichkeit ist eine Selbsttäuschung. Daher sehen wir uns mit einer unvermeidbaren Alternative zweier Vermittlungsformen konfrontiert. Wir können entweder unseren Symbolgebrauch oder, wie wir auch sagen können, unsere (nicht immer bewußten) Interpretationen ihrerseits interpretieren und uns reflexiv, aufgeklärt zu unserem Verhalten verhalten. Oder wir können uns statt reflexiv auch reflexhaft verhalten. Das heißt, jeder lebt zwar in einer vagen, unreflektierten Philosophie als unvermeidbarer Symbolwelt, aber nicht jeder philosophiert.

Zumindest dem Anspruch nach leben wir zwar in einem »Zeitalter der Aufklärung«, aber nicht in einem »aufgeklärten Zeitalter« (Kant). Das Faktum der zunächst westlichen, tendenziell globalen Reflexionskultur kann jedoch keine zufriedenstellende Antwort auf die Frage sein, warum wir philosophieren sollten. Gerade der Prozeß der Aufklärung als schrankenloses Hinterfragen sämtlicher Geltungsansprüche macht im Gegenteil einen großen Teil unserer Verunsicherung aus. Sollten wir daher nicht besser ganz auf das Selbstdenken oder das Philosophieren verzichten, statt damit auch noch – wie seit Sokrates' Zeiten – die Kinder und Jugend zu verderben? Reflexion, so ist einer derartigen Philosophie-Skepsis zuzugeben, ist sicher nicht alles, aber ohne Reflexion ist ebenso sicher alles nichts oder nichts als dumpfes Gefühl aus dem Bauch, Manipulation durch fremde Köpfe oder blindes Agieren. Philosophische Reflexion dagegen ist Ausdruck und Erfahrung von Freiheit. Zum Gebrauch seiner Freiheit als Bereicherung des eigenen Lebens kann zwar niemand faktisch oder argumentativ gezwungen werden, sie ist aber ebensowenig einem auserwählten Kreis von Menschen vorbehalten und beispielsweise Kindern zu verweigern. Damit gewinnt auch die moderne Reflexionskultur als Faktum ihre Berechtigung. Zumindest in ihrem Selbstanspruch will sich unsere Gesellschaft und die Schule in ihr aufgeklärt orientieren, und dies zu Recht. Man braucht nur die allgemeinen Erziehungsziele, Richtlinien oder Unterrichtsbücher eines beliebigen Faches und einer beliebigen Klassenstufe durchzumustern, um immer wieder auf dieselben Formulierungen zu stoßen, etwa »mündiger, demokratie- und kommunikationsfähiger Schüler«, »Verantwortungsfähigkeit« (für die eigene und gesellschaftliche Lebensgestaltung, für die zukünftigen Generationen, für die Natur), »Reflexionsfähigkeit« (erkenntnistheoretische, anthropologische und normative Voraussetzungen des jeweiligen Fachwissens erkennen), »Urteilsfähigkeit« oder schließlich – auch aus handfesten pragmatischen Gründen einer Bewältigung komplexer, neuer und unübersichtlicher Situationen – »Grund- und Schlüsselqualifikationen« wie Kooperationsfähigkeit, Flexibilität oder vernetztes Denken.

Die Schule versteht sich aus unterschiedlichen, prinzipiellen oder pragmatischen Gründen als Schule der Aufklärung. Sie ist aber keine aufgeklärte Schule, weil sie weitgehend ohne reflektierte Schulung der Aufklärung bleibt. Weder wird in den Lehrplänen und Unterrichtsbüchern für die grundsätzlich geforderte Aufklärungsarbeit ein konkreter Rahmen vorgesehen, noch werden die Lehrer in ihrer Ausbildung mit der notwendigen Kompetenz ausgestattet. Wenn man sich selbst aber wirklich freiheitlich-aufgeklärt orientieren will, muß man – neben allen sonstigen schulorganisatorisch und gesamtpädagogisch notwendigen Maßnahmen – die philosophieverdächtigen Leerformeln der Lehrpläne Stück für Stück mit Leben füllen. Nicht das Philosophieren, sondern das Herumphilosophieren ist das Problem einer halbherzigen Aufklärung. Notwendig wäre daher eine Schulung der Aufklärung, und diese kann nicht ohne Philosophie geschehen, insofern man sie als elementare Technik (im Sinne von griech. *techne* »Kunst, Können«) oder als handwerklich lehr-lernbares und einübbares Wissen und Können der Kultur der Aufklärung in einem unverkürzten Sinne nutzt, unabhängig davon, was sie sonst noch sein könnte oder sollte, und in entsprechende Unterrichtspraktiken umsetzt.

Dies bedeutet viererlei: Philosophie als Begriffs-Bildung, als Dialog-Handeln, als Deutungs-Prozeß und als Urteils-Bildung. Begriffe bilden können, so erstens, meint nicht etwa, die »richtigen« Begriffe bilden, etwa von Menschenwürde, von Tapferkeit oder vom Weltanfang, sondern die Schlüsselbegriffe unserer praktischen Entscheidungen, unserer theoretischen Weltdeutung und unserer existentiellen Hoffnungen oder Selbstdeutungen (die vier Kant-Fragen, *Logik* A 25/26) in ihrer jeweiligen Verwendung genau verstehen, in ihren möglichen Verkürzungen erkennen und in angemessener Weise verwenden. Eine so verstandene offene Begriffs-Bildung (die auch informelle Logik mit enthält) ist zugleich eine Selbst-Bildung von Personen, die ein freieres Verhältnis zu ihrer eigenen Symbolwelt gewinnen und dadurch Leben humaner gestalten können.

Im Prozeß der Begriffs-Bildung, so zweitens, sind in einem inneren Dialog auch die Auffassungen anderer vertreten, indem man übernommene Begriffsschattierungen aufgreift, kritisiert und akzeptiert. Begriffs-Bildung ist somit nicht monologisch, sondern dialogisch verfaßt. Sie ist außerdem ein Handeln als Vollzug von Sprechakten wie Sich-Fragen, Bezweifeln oder Anerkennen. Begriffs-Bildung ist daher zugleich ein diskursives und affektives Dialog-Handeln. Das Dialog-Handeln des einzelnen gewinnt ferner durch den konkreten Austausch mit anderen Subjekten an Reibung und Bereicherung, etwa in der allmählichen Bildung einer Dialoghaltung in der Schulklasse, indem die Schüler zunehmend lernen oder üben, aufeinander einzugehen, wechselseitige Andersheiten zu tolerieren, gemeinsame Interpretationen durchzuspielen und die eigenen Vorstellungen zu klären. Philosophie als Technik ist daher kein neutrales, automatisch und beliebig einsetzbares Verfügungswissen nach Art der antiken sophistischen Logik und Rhetorik, sondern an Freiheit gebundenes individuelles und gemeinsames Reflexions-Können. Ein entsprechender Unterricht würde daher nicht nur informieren, sondern auch bilden.

Begriffs-Bildung und Dialog-Handeln, so schließlich drittens, kommen allerdings beide nicht ohne Wissen und Können inhaltlicher Deutungsvielfalt aus. Wenn wir uns beispielsweise darüber verständigen wollen und müssen, was uns in einem extremen Konfliktfall Leben wert ist (ob wir etwa eher unser Hunde-Baby als ein fremdes Menschen-Baby retten sollen), reicht keine analytisch-argumentative Begriffsmethode und kein eingespieltes Dialogverhalten aus, sondern wir brauchen eine inhaltliche, auch aus präreflexiven, religiösen oder lebensweltlichen Quellen gespeiste Deutungskompetenz unterschiedlicher Standpunkte. So läßt sich »Leben« oder »Person« naturalistisch-materialistisch, christlich oder humanistisch verstehen, als absoluter Selbstzweck oder als bloßes Mittel zum Zweck, ferner als Zwitterexistenz von Tier und Computer. Erst die belehrte und eingeübte Deutungskompetenz ermöglicht ein wechselseitiges Erkennen und Anerkennen der eigenen und fremden Standpunkte, vor allem in einer interkulturellen Verständigung. Gerade die inhaltlichen Differenzen der scheinbar beliebigen Denk- oder Interpretationsmöglichkeiten sind es ja, die den Orientierungsbeitrag der Philosophie herausfordern. Um die unterschiedlichen Standpunkte im Umgang mit anderen, ganz fremden Menschen als mögliche Perspektiven überhaupt identifizieren, tolerieren, kritisieren oder akzeptieren zu können, benötigen Kinder von Anfang an Kenntnisse über inhaltliche Alternativen ihrer eigenen, oft selber unklaren Interpretationen. Gerade die Philosophie kann aus ihren reichhaltigen, fast verwirrend vielfältigen historischen und transkulturellen Denkerfahrungen heraus in hervorragender Weise das notwendige Denk-Material zur Verfügung stellen.

Wie die eher formalen und verhaltensmäßigen Techniken sind aber auch die inhaltlichen Techniken einer »Materialkunde« nicht bloß äußerliches Mittel zum Zweck, das man erst lernen und dann jeweils einsetzen könnte. Vielmehr gehören, wie man auch sagen könnte, Methode, Haltung und Inhalt der Philosophie untrennbar zusammen und müssen sich jeweils am konkreten Fall als Ausdruck einer freien, humanen Orientierung bewähren. Damit kommt ein vierter Aspekt in das Blickfeld. Zwar hätten die Schüler zweifellos bereits dann eine gute Schulung ihrer Aufklärungsfähigkeit erhalten, wenn sie sich methodisch, haltungsmäßig und inhaltlich zu ihren vorgegebenen Interpretationen reflexiv verhalten könnten. Damit wüßten sie aber immer noch nicht, wie sie sich bei der Fülle der interpretativen Orientierungsangebote entscheiden sollen. Sie könnten zwar eine Freiheit *im* Denken, aber nicht *durch* Denken praktizieren. Hinzu kommen muß daher zur Philosophie als Methode, Haltung und Inhalt die Philosophie als Urteilskraft oder Urteils-Bildung im konkreten Fall. Mit ihr läßt sich zwar keine Sicherheit richtiger Entscheidungen, aber ein gewisses Fingerspitzengefühl situationsangemessenen, letztlich (aber nicht »erstlich«) nie absolut eindeutigen, richtigen Verhaltens und Handelns erwerben.

Philosophie ist – ähnlich wie Lesen, Schreiben und Rechnen – eine elementare Kulturtechnik humaner Lebensführung und Lebensgestaltung. Natürlich bleibt wie bei jeder »Technik«, etwa der Liebes-, Atmungs- oder Meditationstechnik, ein unverfügbarer Rest, der Funken »plötzlicher« Einsicht (Platon, 7. Brief, 341c f.) oder die nicht planbare »Liebe zur Weisheit«. Aber was an Philosophieren lehr- und lernbar oder einübbar ist, sollte genutzt werden, auch und gerade mit Kindern und mit ihrer spezifischen, eher nicht-diskursiven Denkart.

Bisher wurde das Projekt *sapere aude* kaum begonnen, das Kant vor rund zweihundert Jahren in der Tradition des Sokrates formuliert und vor allem für Kinder gefordert hat. Wiederum zweihundert Jahre vor ihm hatte bereits Montaigne in seinen *Essais* (1,25) an das lebenszugewandte und keineswegs rationalistisch verengte *sapere aude* des Horaz erinnert:

> »Wage es nur, vernünftig zu sein [*sapere aude*]; fang nur an damit; wer die Stunde hinausschiebt, in der er mit dem vernünftigen Leben anfängt, der gleicht dem Toren, der wartet, bis der Fluß abgeflossen ist; aber er strömt weiter und wird in alle Ewigkeit weiterströmen.« (Horaz, *Epistolae* 2,40.)

Literatur

Acergove (1984) Eugene C. Acergove: Wittgenstein, Bartley and the Glöckel School Reform. In: Journal of History and Philosophy (1984) H. 4. S. 453–461.

Adorno (1957/58) Theodor W. Adorno: Vorlesung zur Einleitung in die Erkenntnistheorie. Universität Frankfurt a. M. WS 1957/1958 (Nachschrift).

Adorno (1966) Theodor W. Adorno: Negative Dialektik. Frankfurt a. M.

Adorno (1973) Theodor W. Adorno: Philosophische Terminologie. Bd. 1. Frankfurt a. M.

Adorno (1976) Theodor W. Adorno: Charakteristik Walter Benjamins. In: Th. W. A.: Prismen. Kulturkritik und Gesellschaft. Frankfurt a. M. S. 283–301.

Adorno (1979) Theodor W. Adorno: Der Schatz des Indianer-Joe. Singspiel nach Mark Twain (1932). Hrsg. und mit einem Nachw. vers. von Rolf Tiedemann. Frankfurt a. M.

Aries (1978) Philippe Aries: Geschichte der Kindheit. München. [Frz. 1960.]

Arnheim (1979) Rudolf Arnheim: Anschauliches Denken. Köln. [Amerik. 1969.]

Bambach (1985) Heide Bambach: Versammlung mit Momo. Oder: Wie Kinder zuhören und nachdenken können. In: G. Reck [u. a.] (Hrsg.): Ordnung und Unordnung. Fs. für H. v. Hentig.

Bartley III (1969) William Warren Bartley III: Sprach- und Wissenschaftstheorie als Werkzeuge einer Schulreform. In: Conceptus 1 (1969) S. 6–22.

Bencivenga (1992) Ermanno Bencivenga: Spiele mit der Philosophie. Berlin.

Benjamin (1969) Walter Benjamin: Über Kinder, Jugend und Erziehung. Mit Abbildungen von Kinderbüchern und Spielzeug aus der Sammlung Benjamin. Frankfurt a. M.

Benjamin (1985) Walter Benjamin: Aufklärung für Kinder. Rundfunkvorträge. Hrsg. von Rolf Tiedemann. Frankfurt a. M. (Schriften. Bd. 7/1. 1989. S. 68–249. 306–315.)

Benjamin (1989) Walter Benjamin (zus. mit Ernst Schoen): Das kalte Herz. Hörspiel nach Wilhelm Hauff (1932). In: W. B.: Schriften. Bd. 7/2. S. 316–346. (Vgl. ebd. Anm. S. 650–653).

Bichsel (1989) Peter Bichsel: Kindergeschichten. Darmstadt/Neuwied.

Birnbacher (1983) Dieter Birnbacher: Glück. Arbeitstexte für die Sekundarstufe I. Stuttgart.

Bodenheimer (1984) Aron Ronald Bodenheimer: Warum? Von der Obszönität des Fragens. Stuttgart.

Böhme/Böhme (1983) Gernot Böhme / Hartmut Böhme: Das Andere der Vernunft. Zur Entwicklung von Rationalitätsstrukturen am Beispiel Kants. Frankfurt a. M.

Brose (1985) Karl Brose: Sprachspiel und Kindersprache. Studie zu Wittgensteins »Philosophischen Untersuchungen«. Frankfurt a. M. / New York.

Brüning (1985) Barbara Brüning: Philosophieren mit sechs- bis achtjährigen Kindern. Überlegungen zu einem handlungsorientierten Ansatz unter Berücksichtigung praktischer Erfahrungen. Hamburg. [Diss. Masch.]

Brüning (1990) Barbara Brüning: Mit dem Kompaß durch das Labyrinth der Welt. Philosophieren mit Kindern. Wolfenbüttel.

Brüning/Haeberlin (1995) Barbara Brüning / Barbara Haeberlin: Der Computer hat keine innere Stimme. In: ZDPE 1 (1995) S. 23–26.

Brüning (1999) Barbara Brüning: Philosophieren mit Kindern. Bücher, Artikel, Anschriften. Hamburg. (4. Aufl.)

Buck (1988) Susan Buck-Morss: »Verehrte Unsichtbare!« Walter Benjamins Radiovorträge. In: Klaus Doderer (Hrsg.): Walter Benjamin und die Kinderliteratur. Weinheim/München. S. 93–101.

Camhy (1984) Daniela Camhy: Praxis der Kinderphilosophie in Österreich. In: ZDP 1 (1984) S. 32–35.

Camhy (1990) Daniela Camhy (Hrsg.): Wenn Kinder philosophieren ... Graz.

Cassirer (1990) Ernst Cassirer: Versuch über den Menschen. [Amerik. 1944.]

Charpa (1984) Ulrich Charpa: Hans Guck-in-die-Luft und Thales. Über Kinder, Philosophen, Mägde und Fische. In: ZDP 1 (1984) S. 18–21.

Curtis (1985) Barry Curtis: Wittgenstein and Philosophy for Children. In: Thinking 5,4 (1985) S. 10–19.

Dehms (1953) Alexander Dehms: Leonard Nelson und die ›Walkemühle‹. In: M. Specht / W. Eichler (Hrsg.): Leonard Nelson zum Gedächtnis. Frankfurt a. M./Göttingen. S. 265–269.

de Mause (1977) Lloyd de Mause: Hört ihr die Kinder weinen? Eine psychogenetische Geschichte der Kindheit. München. [Amerik. 1974.]

Dewey (1951) John Dewey: Wie wir denken. Zürich 1951. [Amerik. 1910.] – Wiederabgedr. in: Martens, (1992a).

Donaldson (1982) Margaret Donaldson: Wie Kinder denken. Bern [u. ö.]. [Amerik. 1978.]

Doehlemann (1985) Martin Doehlemann: Die Phantasie der Kinder und was Erwachsene daraus lernen können. Frankfurt a. M.

Educational Leadership (1984) Educational Leadership: Thinking Skills in the Curriculum. 1984.

Englhart (1997) Stephan Englhart: Modelle und Perspektiven der Kinderphilosophie. Heinsberg.

Finkielkraut (1989) Alain Finkielkraut: Die Niederlage des Denkens. Reinbek bei Hamburg. [Frz. 1987.]

Foucault (1974) Michel Foucault: Die Ordnung des Diskurses. München.

Freese (1989) Hans-Ludwig Freese: Kinder sind Philosophen. Weinheim/Berlin.

Freese (1990) Hans-Ludwig Freese: Gedankenreisen – Philosophische Texte für Jugendliche und Neugierige. Reinbek bei Hamburg.

Fromm (1980) Erich Fromm: Die Kunst des Liebens.

Furlong/Carrol (1985) John Furlong / William Carroll: Teaching Reasoning with Computers. In: Thinking 5,4 (1985) S. 29–32.

Gazzard (1988) Ann Gazzard: Evidence of Effectiveness of the Philosophy for Children Program – Quantitative Studies 1987–1988. In: Thinking 7,4 (1988) S. 13 ff.

Giesecke (1985) Hermann Giesecke: Das Ende der Erziehung. Neue Chancen für Familie und Schule. Stuttgart.

Glatzel (1982) Martin Glatzel: Augustinus und Kant: Ach, du liebe Zeit. In: Glatzel/Martens. 1982. S. 56–72.

Glatzel/Martens (1982) Martin Glatzel / Ekkehard Martens (Hrsg.): Philosophieren im Unterricht 5–10. München [u. ö.].

Günzler (1997) Claus Günzler: Elementares Denken als philosophische Chance im Schulalltag. Karlsruher Pädagogische Beiträge. Bd. 43. Karlsruhe. S. 49–55.

Habermas (1985) Jürgen Habermas: Diskurs der Moderne. Frankfurt a. M.

Hastedt [u. a.] (1996) Heiner Hastedt [u. a.] (Hrsg.): Philosophieren mit Kindern. Rostocker Philosophische Manuskripte. N. F. H. 3.

Hastedt [u. a.] (1998) Heiner Hastedt [u. a.] (Hrsg.): Philosophie und Religion. Rostocker Philosophische Manuskripte. N. F. H. 5.

Heckmann (1980) Gustav Heckmann: Das sokratische Gespräch. Erfahrungen in philosophischen Hochschulseminaren. Hannover. – Neuausg. Frankfurt a. M. 1993.

Heesen (1989a) Berrie Heesen: Wittgensteins Spätphilosophie und Philosophieren mit Kindern. In: ZDP 2 (1989) S. 92–98.

Heesen (1989b) Berrie Heesen: Ein möglichst ungewöhnlicher Stuhl. Praxisbeispiel. In: ZDP 2 (1989) S. 98–101.

Hengst [u. a.] (1981) Heinz Hengst [u. a.]: Kindheit als Fiktion. Frankfurt a. M.

Hentig (1985) Hartmut von Hentig: Ist Vernunft lehrbar? In: H. v. H.: Die Menschen stärken, die Sachen klären. Ein Plädoyer für die Wiederherstellung der Aufklärung. Stuttgart. S. 49–126.

Hinske (1986) Norbert Hinske: Lebenserfahrung und Philosophie. Stuttgart.

Hoffmann (1986) Walter Hoffmann: Leonard Nelson in Melsungen. In: Neue Sammlung 1 (1986) S. 79–88.

Horkheimer (1970) Max Horkheimer: Die Sehnsucht nach dem ganz Anderen. Ein Interview mit Kommentar von Helmut Gumnior. Hamburg.

Horkheimer/Adorno (1971) Max Horkheimer / Theodor W. Adorno: Dialektik der Aufklärung (1949). Frankfurt a. M.

Horster (1992) Detlef Horster: Philosophieren mit Kindern. Opladen.

Huyssen (1986) Andreas Huyssen: Postmoderne – eine amerikanische Internationale? In: Huyssen, Andreas / Scherpe, Klaus R. (Hrsg): Postmoderne. Zeichen eines kulturellen Wandels. Reinbek bei Hamburg.

Jaspers (1953) Karl Jaspers: Einführung in die Philosophie. München.

Kähler/Nordhofen (1994) Jutta Kähler / Susanne Nordhofen (Hrsg.): Geschichten zum Philosophieren. Stuttgart.

Kambartel (1989) Friedrich Kambartel: Vernunft: Kriterium oder Kultur? Zur Definierbarkeit des Vernünftigen. In: F. K.: Philosophie der humanen Welt. Abhandlungen. Frankfurt a. M. S. 27–43.

Klafki (1983) Wolfgang Klafki: Vernunft – Erziehung – Demo-

kratie. Zur Bedeutung der Nelson-Schule in der deutschen Pädagogik. In: Neue Sammlung 6 (1983) S. 544–561.
Kluxen (1989) Wolfgang Kluxen: Philosophie als Erziehungsmittel? In: Allgemeine Zeitschrift für Philosophie 3 (1989) S. 57–69.
Köhler/Schreier (1982) Bernd Köhler/Helmut Schreier: Philosophie in der Grundschule. In: ZDP 3 (1982) S. 166–175.
Kößler (1973) Henning Kößler: Philosophie und Lehrerausbildung. In: Hübner, K./Menne, A. (Hrsg.): Natur und Geschichte. X. Deutscher Kongreß für Philosophie. Kiel 1972. Hamburg. S. 296–303.
Krohn [u. a.] (1989) Dieter Krohn/Detlef Horster/Jürgen Heinen-Tenrich (Hrsg.): Das Sokratische Gespräch – ein Symposion. Hamburg.
Kyle (1976) Judy Kyle: Philosophy for Children. Montreal/Quebec. [Unveröff. Ms.]
Langer (1984) Susanne Langer: Philosophie auf neuen Wegen. Das Symbol im Denken, im Ritus und in der Kunst. Frankfurt a. M. [Amerik. 1942.]
Leeuw/Mostert (1988) Karel van der Leeuw/Pieter Mostert: Philosophieren lehren. Delft.
Liebert (1927) Arthur Liebert: Die Philosophie in der Schule. Berlin-Charlottenburg.
Lipman (1983) Matthew Lipman: Harry Stottlemeiers Entdekkung. Hannover. [Amerik. 1974; 2., überarb. Aufl. 1982.]
Lipman (1984) Matthew Lipman: Über den philosophischen Stil von Kindern. In: ZDP 1 (1984) 3–11. – Wiederabgedr. in: Martens/Schreier (1994).
Lipman (1985) Matthew Lipman: Philosophy and the Cultivation of Reasoning. In: Thinking 5,4 (1985) S. 33–41.
Lipman/Sharp (1978) Matthew Lipman / Ann Margaret Sharp (Hrsg.): Growing up with Philosophy. Philadelphia.
Lipman [u. a.] (1980) Matthew Lipman / Ann Margaret Sharp / Frederic S. Oscanyan: Philosophy in the Classroom. Philadelphia.
Lipman (1986) Matthew Lipman: Pixie. Übers. von D. Camhy. Wien. (Mit Handbuch.) [Amerik. 1981.]
Lipman/Gazzard (1986) Matthew Lipman / Ann Gazzard: Philosophy for Children: Where We Are Now. In: Thinking 6,4 (1986) Suppl. S. 1–12.
Lyotard (1982) Jean-François Lyotard: Das postmoderne Wissen. Bremen/Wien. [Frz. 1979.]

Lyotard (1987) Jean-François Lyotard: Der philosophische Gang (1985). In: J.-F. L.: Postmoderne für Kinder. Briefe aus den Jahren 1982–1985. Wien. S. 126–137.

Martens (1973) Ekkehard Martens: Das Prinzip Neugier in der Pädagogik. In: Westermanns Pädagogische Beiträge 6 (1973) S. 336–342.

Martens (1979) Ekkehard Martens: Dialogisch-pragmatische Philosophiedidaktik. Hannover.

Martens (1980) Ekkehard Martens: Kinderphilosophie – Oder: Ist Motivation zum Philosophieren ein Scheinproblem? In: ZDP 2 (1980) S. 80–84.

Martens (1983) Ekkehard Martens: Das Wahrheitsgebot. Oder: Muß man immer die Wahrheit sagen? Arbeitstexte für die Sekundarstufe I. Stuttgart.

Martens (1984) Ekkehard Martens: »Pixie« in einer vierten Grundschulklasse. In: ZDP 1 (1984) S. 28–32.

Martens (1988) Ekkehard Martens: Computer als Modell menschlichen Denkens? Erfordernisse der Technikfolgenabschätzung im Bildungsbereich. In: Technikfolgenabschätzung und Technikbewertung. 9. Daimler-Benz-Seminar 1987. Düsseldorf. S. 61–71.

Martens (1991) Ekkehard Martens: Der Faden der Ariadne. Über kreatives Denken und Handeln. Stuttgart.

Martens (1992a) Ekkehard Martens (Hrsg.): Pragmatismus. Ausgewählte Texte von Ch. C. Peirce, W. James, F. C. S. Schiller, J. Dewey. Stuttgart. ([1]1975.)

Martens (1992b) Ekkehard Martens: Die Sache des Sokrates. Stuttgart.

Martens (1997a) Ekkehard Martens: Zwischen Gut und Böse. Elementare Fragen angewandter Philosophie. Stuttgart.

Martens (1997b) Ekkehard Martens: Ökologische Philosophie und mit Kindern über die Natur philosophieren. In: Schreier (1997). S. 98–108.

Martens/Schreier (1994) Ekkehard Martens / Helmut Schreier (Hrsg.): Philosophieren mit Schulkindern. Philosophie und Ethik in Grundschule und Sekundarstufe I. Heinsberg.

Matthews (1989a) Gareth B. Matthews: Philosophische Gespräche mit Kindern. Berlin. [Amerik. Dialogues With Children. 1984.]

Matthews (1989b) Gareth B. Matthews: Mit Kindern über die

Welt nachdenken. Philosophie als vernunftgemäße Rekonstruktion. In: Grundschule 3 (1989) S. 14–17.

Matthews (1991) Gareth B. Matthews: Denkproben. Philosophische Ideen jüngerer Kinder. Berlin. [Amerik. Philosophy and the Young Child. Cambridge (Mass.)/London 1980.]

Matthews (1995) Gareth B. Matthews: Die Philosophie der Kindheit. Weinheim/Berlin. [Amerik. 1994.]

Mead (1974) Margaret Mead: Der Konflikt der Generationen. Jugend ohne Vorbild. München. [Amerik. 1969.]

Meyer (1987) Meinert A. Meyer: Über Gewißheit im Lehr-, Lern-Prozeß. In: ZDP 2 (1987) S. 63–77.

Miller (1984) Steven I. Miller: Using ›Ordinary Language Philosophy‹ for Teaching Philosophical Concepts in the Classroom. In: Analytic Teaching 4,2 (1984) S. 16–19.

Nagel (1990) Thomas Nagel: Was bedeutet das alles? Eine ganz kurze Einführung in die Philosophie. Stuttgart. [Amerik. 1987.]

Nelson (1970) Leonard Nelson: Die sokratische Methode (1922). In: L. N.: Gesammelte Schriften. Bd. 1. Hamburg. S. 271–316.

Nielsen (1985) Birgit S. Nielsen: Erziehung zum Selbstvertrauen. Ein sozialistischer Schulversuch im dänischen Exil 1933–1938. Wuppertal.

Nietzsche (1968) Friedrich Nietzsche: Die Philosophie im tragischen Zeitalter der Griechen (1873). In: F. N.: Studienausgabe. Bd. 1. Frankfurt a. M.

Nietzsche (1988) Friedrich Nietzsche: Zur Genealogie der Moral (1887). In: F. N.: Kritische Studienausg. Bd. 5. München.

Nohl (1949) Herman Nohl: Die Philosophie in der Schule (1922). In: H. N.: Pädagogik aus dreißig Jahren. Frankfurt a. M.

Nordhofen (1998) Susanne Nordhofen: Didaktik der symbolischen Formen. Über den Versuch, Philosophieren mit Kindern philosophisch zu begründen. In: ZDPE 2 (1998) S. 127–132.

Nora K./Hösle (1996) Nora K./Vittorio Hösle: Das Café der toten Philosophen – Ein philosophischer Briefwechsel für Kinder und Erwachsene. München.

Olsen (1978) Christopher Olsen: Epistemology and the Developing Child. In: Lipman/Sharp. 1978. S. 98–120.

Oscanyan (1980) Frederick S. Oscanyan: siehe: Lipman/Sharp/Oscanyan. 1980.

Portelli (1988) John P. Portelli: The Socratic Method and Philosophy for Children. In: Analytic Teaching 10,1 (1989) S. 22–38.

Postman (1983) Neil Postman: Das Verschwinden der Kindheit. Frankfurt a. M. [Amerik. 1982.]

Pritchard (1985) Michael S. Pritchard: Philosophical Adventures With Children. Lanham [u. ö.].

Raupach-Strey (1989) Gisela Raupach-Strey: Sokratische Praxis: Narziß oder Suche nach Wahrheit? In: Philosophie. Beiträge zur Unterrichtspraxis 23 (1989) S. 69–86.

Reed (1983) Ronald F. Reed: Talking with Children. Denver. [Dt.: Kinder möchten mit uns sprechen. Hamburg 1990.]

Reed (1986) Ronald F. Reed: Rebeccas Gedanken. Übers. von B. Brüning. Hamburg.

Rorty (1988) Richard Rorty: Freud und die moralische Reflexion. In: R. R.: Solidarität oder Objektivität? Stuttgart. S. 38–81.

Rosenberg (1986) Jay F. Rosenberg: Philosophieren. Ein Handbuch für Anfänger. Frankfurt a. M. [Amerik. 1984.]

Roszak (1986) Theodore Roszak: Der Verlust des Denkens. Über die Mythen des Computer-Zeitalters. München. [Amerik. 1986.]

Rumpf (1986) Horst Rumpf: Mit fremdem Blick. Stücke gegen die Verbiederung der Welt. Weinheim/Basel.

Rumpf (1987) Horst Rumpf: Belebungsversuche. Ausgrabungen gegen die Verödung der Lernkultur. Weinheim/München.

Russell (1967) Bertrand Russell: Probleme der Philosophie. Frankfurt a. M. [Engl. 1912.]

Schadewaldt (1979) Wolfgang Schadewaldt: Die Anfänge der Philosophie bei den Griechen. Die Vorsokratiker und ihre Voraussetzungen. Tübinger Vorlesungen. Bd. 1. Frankfurt a. M.

Schmidt (1997) Burghart Schmidt: Kinderphilosophieren. Wien.

Schnädelbach (1989) Herbert Schnädelbach: Zum Verhältnis von Diskurswandel und Paradigmenwechsel in der Geschichte der Philosophie. In: Krohn [u. a.] (1989). S. 21–31.

Schnädelbach (1991) Herbert Schnädelbach: Philosophie. In: Schnädelbach, Herbert / Martens, Ekkehard (Hrsg.): Philosophie – ein Grundkurs. Bd. 1. Reinbek bei Hamburg. S. 37–76.

Schopenhauer (1859) Arthur Schopenhauer: Die Welt als Wille und Vorstellung (1819). Halle [o. J.; nach der 3. Aufl. von 1859.]

Schopenhauer (1974) Arthur Schopenhauer: Aphorismen zur Lebensweisheit. Stuttgart. [Aus: Parerga und Paralipomena. 1851.]

Schreier (1989) Helmut Schreier: Geschichten im Sachunterricht. In: Sachunterricht und Mathematik in der Primarstufe 6 (1989) S. 240–249.

Schreier (1993) Helmut Schreier: Himmel, Erde und Ich. Geschichten zum Nachdenken über den Sinn des Lebens, den Wert der Dinge und die Erkenntnis der Welt. Heinsberg.

Schreier (1997) Helmut Schreier (Hrsg.): Mit Kindern über Natur philosophieren. Heinsberg.

Schulz (1989) Wolfgang Schulz: Praktisches Philosophieren und Schulreform. ZDP 3 (1989) S. 153–158.

Sheffer (1989) Susannah Sheffer: The Apprenticeship Model: What We Can Learn from Gareth Matthews. In: Thinking 8,3 (1989) S. 27–28.

Sherman (1986) Rosalyn S. Sherman: Is It Possible To Teach Socratically? In: Thinking 6,4 (1986) S. 21–33.

Simon (1979) Charlann Simon: Philosophy for students with learning disabilities. In: Thinking 1,1 (1979), S. 21–33.

Sloterdijk (1983) Peter Sloterdijk: Kritik der zynischen Vernunft. 2 Bde. Frankfurt a. M.

Sloterdijk (1988) Peter Sloterdijk: Zur Welt kommen – zur Sprache kommen. Frankfurt a. M.

Spaemann (1979) Robert Spaemann: Philosophie als institutionalisierte Naivität. In: Philosophisches Jahrbuch 81 (1974) S. 139–142.

Stein (1984) Gerd Stein (Hrsg.): Europamüdigkeit und Verwilderungswünsche. Frankfurt a. M.

Sturma (1997) Dieter Sturma: Philosophie der Person. Paderborn [u. a.].

Turkle (1984) Sherry Turkle: Die Wunschmaschine. Der Computer als zweites Ich. Reinbek bei Hamburg. [Amerik. 1984.]

v. Weizsäcker (1968) Carl Friedrich von Weizsäcker: Die Rolle der Wissenschaft in der Bildung des menschlichen Bewußtseins. In: Die Hans-Thoma-Medaille 1967/68. Hrsg. von A. Hagenlocher. Reutlingen. S. 29–41.

v. Weizsäcker (1988) Carl Friedrich von Weizsäcker: Platons Höhlengleichnis. In: ZDP 1 (1988) S. 3–8.

Wellmer (1985) Albrecht Wellmer: Zur Dialektik von Moderne und Postmoderne. Vernunftkritik nach Adorno. Frankfurt a. M.

Werner [u. a.] (1997) Hans Joachim Werner / Eva Marsal / Mechthild Ralla: Philosophieren mit Kindern? Begriffe, Konzepte, Erfahrungen. In: Zeitschrift für Leben und Lernen 6 (1997) S. 16–30.

Wilson (1977/78) John Wilson: Rez. zu Lipman/Sharp/Oscanyan (1977). In: Teaching Philosophy 3/4 (1977) S. 390–392.

Wilson (1979) John Wilson: Prerequisites for Teaching Philosophy. In: Thinking 2 (1979) S. 51–53.
Wilson (1984) John Wilson: Begriffsanalyse. Eine Einführung. Stuttgart. [Amerik. 1963.]
Wittgenstein (1970) Ludwig Wittgenstein: Über Gewißheit. Frankfurt a. M.
Wittgenstein (1971) Ludwig Wittgenstein: Philosophische Untersuchungen. Frankfurt a. M.
Wittgenstein (1977) Ludwig Wittgenstein: Wörterbuch für Volksschulen (1926). Wien.
Wünsche (1985) Konrad Wünsche: Der Volksschullehrer Ludwig Wittgenstein. Frankfurt a. M.
Zoller (1990) Eva Zoller: Sälber dänka macht schlau. Zürich.
Zoller (1995) Eva Zoller: Die kleinen Philosophen. Freiburg (Schweiz).
Zoller-Morf (1998) Eva Zoller-Morf: Philosophische Reise. Unterwegs mit Kindern auf der Suche nach Lebensfreude und Sinn. Zürich.
Zons (1989) Raimar Zons: Die Weisheit der Alten und die Weisheit der Kinder. In: Willi Oelmüller (Hrsg.): Philosophie und Weisheit. Paderborn [u. a.] S. 78–96.
Zorn (1979) Fritz Zorn: Mars. Mit einem Vorwort von Adolf Muschg. Frankfurt a. M.

ZDP Zeitschrift für Didaktik der Philosophie – Themenheft 1 (1984): Kinderphilosophie 1 (1991): Philosophieren mit Kindern. Seit 1994: ZDPE Zeitschrift für Didaktik der Philosophie und Ethik.
Thinking. The Journal of Philosophy for Children. Upper Montclair 1979 ff.

Deutsche Philosophie der Gegenwart

IN RECLAMS UNIVERSAL-BIBLIOTHEK

Dieter Birnbacher, Tun und Unterlassen. 389 S. UB 9392 – Verantwortung für zukünftige Generationen. 297 S. UB 8447

Hans Blumenberg, Ein mögliches Selbstverständnis 221 S. UB 9650 – Wirklichkeiten, in denen wir leben. 176 S. UB 7715 – Lebensthemen. 173 S. UB 9651

Ferdinand Fellmann, Die Angst des Ethiklehrers vor der Klasse. 162 S. UB 1833

Günter Figal, Nietzsche. Eine philosophische Einführung. 293 S. UB 9752 – Der Sinn des Verstehens. 157 S. UB 9492

Kurt Flasch, Augustin. Einführung in sein Denken. 487 S. UB 9962 – Das philosophische Denken im Mittelalter. Von Augustin zu Macchiavelli. 809 S. Geb.

Manfred Frank, Selbstbewußtsein und Selbsterkenntnis. Essays zur analytischen Philosophie der Subjektivität. 485 S. UB 8689 – Stil in der Philosophie. 115 S. UB 8791

Hans-Georg Gadamer, Die Aktualität des Schönen. Kunst als Spiel, Symbol und Fest. 77 S. UB 9844 – Der Anfang der Philosophie. 175 S. UB 9495 – Der Anfang des Wissens. 181 S. UB 9756

Gerhard Gamm, Der Deutsche Idealismus. 274 S. UB 9655

Lutz Geldsetzer, Die Philosophenwelt. In Versen vorgestellt. 306 S. UB 9404

Lutz Geldsetzer / Hong Han-ding, Grundlagen der chinesischen Philosophie. 328 S. UB 9689

Volker Gerhardt, Pathos und Distanz. Studien zur Philosophie Friedrich Nietzsches. 221 S. UB 8504 – Selbstbestimmung. Das Prinzip der Individualität. 463 S. UB 9761

Jürgen Habermas, Politik, Kunst, Religion. 151 S. UB 9902

Dieter Henrich, Bewußtes Leben, 223 S. UB 18010 – Selbstverhältnisse. Gedanken zu den Grundlagen der klassischen Philosophie. 212 S. UB 7852

Otfried Höffe, Den Staat braucht selbst ein Volk von Teufeln. Philosophische Versuche zur Rechts- und Staatsethik. 174 S. UB 8507

Englische und amerikanische Philosophen

IN RECLAMS UNIVERSAL-BIBLIOTHEK

John Langshaw Austin, Sinn und Sinneserfahrung (Sense and Sensibilia). (Eva Cassirer) 182 S. UB 9803 – Zur Theorie der Sprechakte (How to do things with Words). (Eike von Savigny) 219 S. UB 9396

Donald Davidson, Der Mythos des Subjektiven. Philosophische Essays. (Joachim Schulte) 117 S. UB 8845

Jan Hacking, Einführung in die Philosophie der Naturwissenschaften. 477 S. UB 9442

Thomas Hobbes, Leviathan. Erster und zweiter Teil. (J. P. Mayer / Malte Dießelhorst) 327 S. UB 8348

Ted Honderich, Wie frei sind wir? Das Determinismus-Problem. (Joachim Schulte) 208 S. UB 9356

David Hume, Dialoge über natürliche Religion. (Norbert Hoerster) 159 S. UB 7692 – Eine Untersuchung über den menschlichen Verstand. (Herbert Herring) 216 S. UB 5489 – Eine Untersuchung über die Prinzipien der Moral. (Gerhard Streminger) 304 S. UB 8231

John Locke, Gedanken über Erziehung. (Heinz Wohlers) 294 S. UB 6147 – Über die Regierung. (Dorothee Tidow / Peter Cornelius Mayer-Tasch) 247 S. UB 9691

John Leslie Mackie, Ethik. Die Erfindung des moralisch Richtigen und Falschen. (Rudolf Ginters) 317 S. UB 7680 – Das Wunder des Theismus. (Rudolf Ginters) 424 S. UB 8075

John Stuart Mill, Über die Freiheit. (Bruno Lemke / Manfred Schlenke) 184 S. UB 3491 – Der Utilitarismus. (Dieter Birnbacher) 127 S. UB 9821

George Edward Moore, Principia Ethica. (Burkhard Wisser) 387 S. UB 8375

Pragmatismus. Texte von Charles Sanders Peirce, William James, Ferdinand Canning Scott Schiller und John Dewey. (Ekkehard Martens) 256 S. UB 9799

Hilary Putnam, Für eine Erneuerung der Philosophie 284 S. UB 9660

Willard Van Orman Quine, Wort und Gegenstand (Word and Object). (Joachim Schulte / Dieter Birnbacher) 504 S. UB 9987

Richard Rorty, Eine Kultur ohne Zentrum. Vier philosophische Essays und ein Vorwort. (Joachim Schulte) 148 S. UB 8936 – Solidarität oder Objektivität? Drei philosophische Essays. (Joachim Schulte) 127 S. UB 8513

Bertrand Russell, Philosophische und politische Aufsätze. (Ulrich Steinvorth) 223 S. UB 7970

Gilbert Ryle, Der Begriff des Geistes. (Kurt Baier / Günther Patzig / Ulrich Steinvorth) 464 S. UB 8331

R. M. Sainsbury, Paradoxien. (Vincent C. Müller) 229 S. UB 8881

Wesley C. Salmon, Logik. (Joachim Buhl) 287 S. UB 7996

Peter Singer, Praktische Ethik. Erw. Ausgabe. (Jean-Claude Wolf, O. Bischoff, D. Klose) 487 S. UB 8033

Peter Frederick Strawson, Einzelding und logisches Subjekt (Individuals). Ein Beitrag zur deskriptiven Metaphysik. (Freimut Scholz) 326 S. UB 9410

Richard Swinburne, Die Existenz Gottes. (Rudolf Ginters) 414 S. UB 8434

Alfred North Whitehead, Die Funktion der Vernunft. (Eberhard Bubser) 79 S. UB 9758

Bernard Williams, Der Begriff der Moral. Eine Einführung in die Ethik. (Eberhard Bubser) 112 S. UB 9882 – Probleme des Selbst (Problems of the Self). Philosophische Aufsätze 1956–1972. (Joachim Schulte) 439 S. UB 9891

Philipp Reclam jun. Stuttgart